DU GUESCLIN

ET

SON ÉPOQUE

SOCIÉTÉ ANONYME D'IMPRIMERIE DE VILLEFRANCHE-DE-ROUERGUE
Jules Bardoux, Directeur.

RAOUL POSTEL

DU GUESCLIN

ET

SON ÉPOQUE

PARIS
LIBRAIRIE CH. DELAGRAVE
15, RUE SOUFFLOT, 15
1893

Du Guesclin enfant jouant à la bataille.

DU GUESCLIN

ET SON ÉPOQUE

I

Situation politique de la France au commencement du XIVe siècle. — Causes de la supériorité de l'Angleterre. —

Il n'y a peut-être pas dans l'Histoire de figure plus héroïque et plus complète que celle de Bertrand du Guesclin. Dans tous les cas, elle est la plus grandiose et la plus pure de notre France au Moyen Age, comme plus tard celle de Hoche aux débuts de notre France contemporaine. A cinq siècles de distance, ces deux illustres capitaines demeurent l'un et l'autre comme la personnification chevaleresque et sereine des fortes et nobles qualités de notre nation.

« Du Guesclin, constate fort justement son meilleur

historien (1), est, avec Jeanne d'Arc, le nom le plus populaire de l'ancienne France ; et comme notre pays partage avec la Grèce antique le privilège de faire adopter ses grands hommes par l'humanité tout entière, la popularité du héros breton est presque aussi grande à l'étranger que chez nous. La vie de Bertrand, si bien remplie qu'elle puisse être, ne suffirait pas pour expliquer une telle gloire. En réalité, il est arrivé que la reconnaissance pour les incomparables services rendus par l'illustre capitaine a redoublé l'admiration qu'inspiraient ses belles actions; et le sentiment, l'imagination, se mettant de la partie, ont entouré le vainqueur des Anglais, le libérateur du territoire, d'une auréole légendaire. Il en est des peuples, à ce point de vue, comme des individus : ce n'est pas seulement le mérite des actes, pris en soi, qui les touche ; ils sont d'autant plus reconnaissants que leur détresse était plus grande lorsqu'on est venu à leur secours. Un guerrier qui accroît encore par ses victoires la puissance et le prestige de sa nation, c'est un héros ; mais un capitaine dont le bras parvient à retirer son pays du fond de l'abîme où il était tombé, c'est plus qu'un héros, c'est un sauveur. Or, tout le monde en conviendra, le rôle historique de Du Guesclin au

(1) Siméon Luce, *Histoire de Bertrand du Guesclin et de son époque*, t. Ier, p. 121-122.

XIVᵉ siècle, comme celui de Jeanne d'Arc au siècle suivant, a ce dernier caractère ».

Il importe de retracer ici sommairement l'exposé de la décadence militaire de la France et des progrès de l'Angleterre, sa rivale, à l'époque où parut Bertrand ; sans cet exposé rapide on ne comprendrait pas, en effet, ce que le rôle du vaillant connétable eut d'exceptionnellement glorieux : d'autre part, on y trouvera en partie le secret de sa popularité, vraiment merveilleuse. Par la même raison, quoi qu'il ne semble pas que Du Guesclin ait figuré à la journée de Poitiers, la recherche des causes de cette catastrophe, où la supériorité de nos ennemis et notre propre faiblesse, amassées depuis longtemps pour ainsi dire, éclatèrent comme un coup de foudre, doit trouver place dans la biographie d'un capitaine dont la prudente bravoure, secondée par la sagesse d'un grand roi, sut prévenir le retour de ces effroyables catastrophes.

Crécy n'avait été qu'une défaite ; Poitiers fut un désastre. Cette journée néfaste marque la fin de la suprématie, du prestige militaire dont la France avait joui presque sans interruption pendant les trois siècles précédents ; c'est la France de Philippe-Auguste, de Louis IX, de Philippe-le-Bel qui s'écroule comme par enchantement. A la nouvelle d'une déroute aussi imprévue, l'Europe entière ressentit une impression de profonde stupeur. Dans une lettre écrite au retour d'un voyage qu'il fit à Paris au mois de décembre 1360, Pétrarque a exprimé avec force l'effet que produisit partout le désastre dont la France avait été frappée environ quatre ans plus tôt. « Dans ma jeunesse, « écrivait le poète italien, les Bretons, que l'on appelle « Angles ou Anglais, passaient pour les plus timides « des Barbares ; maintenant, c'est une nation très « belliqueuse. Elle a renversé l'antique gloire mili- « taire des Français par des victoires si nom- « breuses et si inespérées que ceux qui, naguères, « étaient inférieurs aux misérables Écossais, outre la « catastrophe lamentable et imméritée d'un grand roi « que je ne puis me rappeler sans soupirs, ont telle- « ment écrasé par le fer et par le feu le royaume tout « entier que moi, qui le traversais dernièrement pour « affaires, j'avais peine à me persuader que c'était là « le pays que j'avais vu autrefois ». La tempête avait abattu l'arbre vigoureux dont Dante, moins d'un demi-siècle auparavant, avait dit qu'il « couvrait la Chrétienté de son ombre ». Quelle fut la cause d'un si soudain et si prodigieux effondrement ? A l'heure où se produisit ce dénouement fatal, le résultat définitif de la lutte entre les deux peuples rivaux ne pouvait pas être changé. C'est que la défaite des Français avait une cause profonde, inéluctable, indépendante de la bravoure personnelle des soldats, de l'héroïsme et même jusqu'à un certain point de l'habileté de leur chef : cette cause était la révolution radicale accomplie sans bruit, depuis cinquante ans, par les rois d'Angleterre Edouard Ier et Edouard III dans la manière de faire la guerre usitée jusqu'alors. Surprise qui s'est renouvelée pour nous d'une façon non moins imprévue et non moins douloureuse de nos jours ; tellement il est vrai que les leçons de l'histoire restent forcément incomprises quand la fatalité a prévu d'avance l'abaissement ou la chute d'une nation !

Les deux princes anglais, — et c'est par ce côté que leurs règnes marquent une époque décisive dans l'histoire du Moyen Age aussi bien que dans celle de l'Angleterre, — sont les véritables créateurs de l'infanterie moderne. « Qu'on se garde bien, du reste, remarque l'historien déjà cité (1), de faire honneur de cette création uniquement au génie militaire des deux rois anglais ; ils y furent amenés par la nécessité, qui a été si souvent la cheville ouvrière du progrès. Le levier qu'ils employèrent est le même, à le bien prendre, auquel ont eu recours dans tous les temps, pour s'assurer la suprématie à la guerre, les pays de peu d'étendue territoriale et, par conséquent, de population res-

(1) Siméon Luce, *loc cit.*, p. 126.

treinte : ce levier, c'est le service militaire obligatoire. Si le nom est, comme on le voit, très moderne, actuel même, la chose est ancienne précisément chez le peuple qui y est le plus étranger aujourd'hui, et l'on peut établir par des preuves certaines qu'Edouard III, surtout, la pratiqua sur une large échelle ». Les textes qui démontrent ce fait sont tellement nombreux qu'on ne pourrait les énumérer sans écrire un chapitre, non le moins intéressant, il est vrai, ni le moins neuf de l'histoire anglaise, mais qui ne saurait entrer dans le plan de notre étude. Qu'il nous suffise de citer une ordonnance par laquelle Edouard III, remettant en vigueur un statut d'Edouard Ier, enjoint à tout Anglais jouissant depuis trois ans de quarante livres de terre ou de rente, qui n'est pas encore homme d'armes, d'embrasser l'état militaire. Une ordonnance complémentaire oblige, sous les peines les plus sévères, ceux qui ont vingt livres de terre ou de rente à se pourvoir de chevaux, de harnais et des armures, tant défensives qu'offensives, propres aux hommes d'armes montés ; ceux qui possèdent quinze livres à se munir d'un haubergeon, d'un chapeau de fer, d'une épée, d'un couteau et d'un cheval. Tout rentier de dix livres doit avoir un haubergeon, une épée, un chapeau et un couteau ; tout rentier de cent sous un pourpoint, un chapeau de fer, une épée, un couteau ; tout rentier de quarante à cent sous une épée, un arc, des flèches, un couteau ; tout rentier de moins de quarante sous de fausses guisarmes, des couteaux et autres menues armes ; tout propriétaire de moins de vingt marcs de capital une épée, un couteau et autres menues armes. Enfin, tout Anglais qui ne se trouve pas compris dans les catégories précédentes doit se procurer au moins des arcs, des flèches et des pieux. Six mois plus tard, Edouard III ordonne que tous ses sujets prennent les armes, de seize ans à soixante ans. On voit par ces exemples, pris au hasard dans l'immense collection des Actes d'Edouard Ier et d'Edouard III, combien fut profond l'abîme creusé par les institutions de ces rois novateurs entre les mœurs, les habitudes des pays situés des deux côtés de la Manche. En France, la profession d'homme d'armes constitue un privilège exclusif, que la noblesse revendique pour elle seule et qu'elle dispute au reste de la nation avec une sorte d'égoïsme jaloux, tandis qu'en Angleterre, du moins sous le règne d'Edouard III, c'est une obligation inhérente au chiffre du revenu, à la position de fortune, obligation que le roi impose au besoin par force aux récalcitrants ; à vrai dire, c'est déjà l'application du principe de la nation armée.

D'un autre côté, Edouard III avait compris que rien n'était plus opposé au véritable esprit militaire que les exercices de parade chevaleresque si fort en honneur chez nous sous les deux premiers Valois, et desquels devait sortir la malheureuse création de l'ordre de l'Etoile. De là l'interdiction, qu'il renouvela souvent, des joutes, passes d'armes et tournois, en un mot de tous jeux guerriers autres que le tir de l'arc. Ce sont les comtes et vicomtes de son royaume qu'il charge de trier avec soin les individus les plus valides, les plus courageux, les plus adroits à ce pratique exercice. « Les individus une fois recrutés dans ces conditions (1), on en faisait deux parts à peu près égales : les plus adroits étaient enrôlés comme archers, les plus forts comme *coutilliers* ou lanciers à pied. Les premiers étaient munis d'un arc en bois d'if, quelquefois peint, si commode, si maniable, si portatif qu'on tirait avec cet arc trois *saiettes* ou flèches barbelées en moins de temps qu'on n'en mettait avec une arbalète génoise ou française à lancer un carreau ou vireton. Cet arc anglais du XIVe siècle, long de plus de cinq pieds, mais très léger, était véritablement, par le progrès qu'il réalisait et par son action irrésistible contre toute espèce d'hommes d'armes à cheval, le pendant de la mousqueterie perfectionnée des temps modernes. Quant aux coutilliers ou lanciers à pied, qu'on prenait de préférence parmi les montagnards de la Cornouaille

(1) Siméon Luce, *loc. cit.*, p. 129-130.

et du pays de Galles parce qu'ils étaient plus endurcis à la fatigue et meilleurs marcheurs, après qu'on avait remplacé leurs guenilles par un uniforme de gros drap, l'arme qu'on leur mettait en main ne ressemblait en rien à ces lances chevaleresques dont les proportions étaient si démesurées que le roi Jean, le matin de Poitiers, les fit retailler à la longueur de cinq pieds. Non, c'était un grand coutelas, une espèce de dague à la pointe acérée pour trouver le défaut de la cuirasse des hommes d'armes et achever les chevaliers et écuyers que le tir des archers avait désarçonnés, en un mot quelque chose de tout à fait analogue par sa forme et, surtout, par sa destination et ses effets à notre baïonnette ». Tel était l'armement des troupes anglaises d'élite. Mais cette révision et ce triage des plus habiles sujets supposaient, loin de l'exclure, le service militaire obligatoire. Aussi, du moment où tous les hommes valides du royaume purent être appelés à servir, il devint nécessaire de les préparer de longue main à cette éventualité en les astreignant tous sans distinction, petits et grands, riches et pauvres, à une sorte d'éducation guerrière. L'organisation régulière, sur tous les points du territoire, d'exercices fréquents en rapport avec les institutions militaires du pays et la diffusion systématique de certaines connaissances appropriées au but que l'on se proposait furent donc l'indispensable complément de l'impôt du sang. C'est ce que comprit Edouard III, avec un admirable bon sens, lorsqu'il édicta, en 1337, une ordonnance dont Froissart a résumé la teneur et dont les deux dispositions suivantes méritent d'être rapportées textuellement : « 1° Il est défendu, sous peine de mort, par tout le royaume d'Angleterre, de se divertir à un autre jeu que celui de l'arc à main et des flèches, et il est fait remise de leurs dettes à tous les ouvriers qui fabriquent des arcs et des flèches ; 2° Il est enjoint à tous seigneurs, barons, chevaliers et honnêtes gens des bonnes villes de faire apprendre la langue française à leurs enfants, afin que ceux-ci soient plus en état de se renseigner et moins dépaysés à la guerre ». Que pensent nos ministres français contemporains de cette dernière injonction ? En 1870-1871, les Allemands nous ont amplement démontré le bien-fondé de la prévoyante ordonnance anglaise de 1337 ! Mais ne disions-nous pas, plus haut, que les leçons de l'histoire ne servent que trop souvent à rien ? C'est à la faveur d'un ensemble d'institutions aussi remarquablement complet que se formèrent ces archers incomparables dont le tir décida la plupart des victoires remportées par les Anglais au XIVe siècle. Les contemporains ne s'y trompèrent pas, et Edouard III lui-même, renouvelant son ordonnance le 1er juin 1363, en proclama hautement les heureux, [illegible] et reconnut la part qui revenait aux [illegible] dans ses triomphes. Le vainqueur de Crécy savait si bien où résidait la principale force de son armée que beaucoup de sauf-conduits, délivrés à des Français prisonniers en Angleterre, portent interdiction expresse d'emporter sur le continent des arcs et des flèches.

Tandis que le roi d'Angleterre [illegible] la nation tout entière, son rival le roi de France, après avoir paru d'abord entrer dans la même voie, s'en écarta vers la fin de son règne d'une manière complète. Le principe posé par Philippe le Bel qu'en cas de guerre tout Français devait porter les armes [illegible] ne pouvaient ou ne voulaient [illegible] ter [illegible]

[illegible] de France, pendant la première moitié du XIVe siècle, eurent un pressant besoin d'argent, ils ordonnèrent une levée en masse avec faculté de rachat ; en d'autres termes, ils établirent un impôt [illegible] C'est ainsi qu'en [illegible] Philippe [illegible] le ban et [illegible] pour la défense du royaume ; mais [illegible] partout, pour lui et [illegible] guère d'autre [illegible] que de remplir les coffres des agents du fisc. Dans tous les octrois de deniers faits [illegible] par les villes, il est stipulé que leurs habitants seront dispensés du service militaire, sauf le cas d'arrière-ban. Du reste, la noblesse française était très hostile à l'emploi à la guerre des milices bourgeoises. Elle exploita contre celles-ci plusieurs incidents malencontreux de la campagne de 1346, comme la prise de Caen et le passage de Blanquetaque ; elle exploita surtout la défaite de Crécy, quoiqu'il n'y eût pas de raison de faire retomber la responsabilité de ces échecs sur les gens des Communes plutôt que sur la Chevalerie proprement dite. Le chroniqueur Froissart n'hésita point à se faire, en cette occasion, l'écho par trop complaisant des rumeurs les plus calomnieuses. Le préjugé, malheureusement, donna des fruits. Soumis à l'influence des grands seigneurs qui l'avaient porté sur le trône, imbu d'ailleurs par son éducation des idées les plus étroites de l'école féodale, Philippe de Valois se fit un principe, surtout à partir de 1347, d'exclure plus encore qu'on ne l'avait fait avant lui les gens des Communes de son armée. Jamais un roi de France n'avait encore aussi étrangement méconnu l'intrépidité patriotique de ses sujets !

Philippe, avons-nous dit, s'était servi surtout de la proclamation du ban comme d'un expédient financier et n'avait voulu tirer que de l'argent de ses bonnes villes. Mieux inspiré que son père, le roi Jean leur demanda des hommes. Menacé d'une nouvelle invasion anglaise au commencement de 1355, il convoqua à Amiens, le 17 mai de cette même année, le ban et l'arrière-ban, c'est-à-dire tous les hommes valides depuis dix-huit ans jusqu'à soixante ans ; mais les Communes, à leur tour, ne répondirent pas ou répondirent mal à son appel. « Nous apprenons, écrit à ce propos M. Siméon Luce (1), par de curieuses lettres de rémission octroyées en décembre 1355 aux habitants de Paris, que les contingents des bonnes villes, outre qu'ils étaient fort incomplets, n'arrivèrent pas en temps. C'est que rien ne s'improvise et qu'on ne transforme pas par décret, du jour au lendemain, de pacifiques bourgeois en soldats. Pour que cette convocation de l'arrière-ban eût porté ses fruits, il eût fallu d'abord qu'au lieu d'être un expédient provisoire, une ressource suprême employée seulement en temps de crise, elle devînt une institution permanente, et nous verrons bientôt les États Généraux, loin d'étendre sur ce point la prérogative royale, y mettre au contraire des restrictions. Il eût fallu ensuite, il eût fallu surtout que le roi de France donnât à l'arrière-ban un caractère vraiment pratique en astreignant, à l'exemple d'Edouard III, tous ses sujets à de fréquents exercices militaires. Comme ni l'une ni l'autre de ces conditions

(1) Siméon Luce, *loc. cit.*, p. 136.

ne fut remplie, l'ordonnance du 17 mai 1355 n'aboutit qu'au rassemblement d'une cohue informe, d'une tourbe confuse et disparate, qui ne figura que pour nombre à la néfaste journée de Poitiers ». Nous avons été, de nos jours, témoins de la même incurie, produisant les mêmes déplorables résultats. Déjà inférieure par le nombre et par la préparation, l'infanterie française avait encore un désavantage plus marqué au point de vue de l'armement: outre qu'elle se composait en grande partie de mercenaires, surtout de Génois, elle n'employait guère que des arbalètes massives et d'un maniement compliqué, incapables par conséquent de lutter avec le moindre avantage contre les arcs anglais. Par un contraste frappant, tandis que le roi d'Angleterre prohibait dans son royaume tout autre jeu que le tir de l'arc, on avait eu en France l'inexplicable inspiration de mettre un impôt sur les cordes des arcs! Le texte de cette fatale ordonnance nous manque ; mais il y est fait allusion dans des lettres de rémission du mois de mai 1359, lesquelles prouvent que cette ordonnance fut mise en pratique puisqu'elles constatent l'assiette et la levée de l'impôt dont il s'agit.

C'est à ce moment que la Chevalerie de théâtre paraît en scène; elle s'asseoit sur le trône avec Philippe et Jean de Valois, consommant ainsi la décadence du véritable esprit militaire dans notre pays. Le caractère distinctif de cette Chevalerie, c'est de porter dans la guerre réelle tous les procédés des joutes et des tournois, les us et coutumes de la guerre de parade. Concentrer sur un point que l'on a choisi et que l'on juge favorable à l'attaque, soit à l'aide d'une feinte comme le fera plus tard Bertrand du Guesclin à Cocherel, soit par une marche forcée de nuit comme le même capitaine en exécutera une à Pontvallain, des forces plus considérables que l'adversaire, tel a été dans tous les temps et tel reste encore aujourd'hui le principe fondamental de l'art de la guerre : en d'autres termes, la guerre vit de feintes et de surprises. Mais ce n'est pas de cette façon que l'entendaient Philippe et Jean. Comme, d'après le Code des tournois, tout combat doit être précédé d'un cartel ou défi en règle, toutes les fois qu'ils songèrent à attaquer l'ennemi ils se firent un devoir de le prévenir plusieurs jours à l'avance, sauf à lui fournir de la sorte les moyens de leur échapper. Ainsi agit, au mois d'août 1346, Philippe de Valois quand il fit proposer par l'archevêque de Besançon à Edouard III de vider leur querelle au pont d'Antony ; le rusé prince anglais répondit qu'on pouvait le venir chercher sous Montfort-l'Amaury, mais il s'empressa d'exécuter un rapide mouvement rétrograde qui lui permit de franchir la Seine par le pont de Poissy tandis que Philippe se morfondait inutilement au passage de la Bièvre. Ainsi encore, au mois de juillet 1356, le roi Jean fit offrir la bataille au duc de Lancastre à Tubœuf, près de Laigle, au lieu de tomber à l'improviste sur les Anglais harassés par une longue chevauchée et moins nombreux que lui ; naturellement, Henri de Lancastre profita de cet avis pour s'échapper. Au reste, rien ne résume plus fidèlement l'esprit de cette Chevalerie insensée que les statuts de l'ordre de l'Étoile, fondé au mois de janvier de cette même année par le roi Jean : il est ordonné, notamment, aux membres de l'ordre de jurer que « jamais ils ne fuiront en bataille plus loin que quatre arpents à leur estimation, mais mourront plutôt ou se laisseront faire prisonniers ! » Dès le mois d'août suivant ce serment coûtait la vie à Guy de Nesles, sire d'Offémont, maréchal de France, et à une centaine de chevaliers qui, tombés dans une embuscade anglaise et ne pouvant échapper au danger, préférèrent la mort à la fuite. Cette sanglante leçon, il est vrai, discrédita immédiatement les statuts de l'Etoile ; l'ordre tomba peu à peu de lui-même : toutefois, son esprit de romanesque imprudence survécut. Il semble, en effet, que Jean continua de croire qu'il en était d'une bataille comme d'un tournoi, que pour attaquer profitablement son adversaire il suffisait de courir droit devant soi et que le courage personnel devait tenir lieu de tout le reste.

Tout s'enchaîne, — les imprudences surtout et l'aveuglement de parti-pris. Tandis qu'Edouard III avait organisé, dès le commencement de son règne, sous le nom de *hobbiliers* un corps de cavalerie légère spécialement chargé des reconnaissances, il ne paraît pas que Philippe de Valois et le roi Jean aient jamais possédé, dans le cours de leurs expéditions militaires, un service d'éclaireurs fonctionnant régulièrement et d'une manière constante. A Crécy, c'est seulement quelques heures à peine avant d'en venir aux mains que Philippe charge les sires de Bazeilles, de Noyers, de Baujeu et d'Aubigny de prendre les devants pour se rendre compte de la position des Anglais ; et si ces quatre chevaliers sont choisis en pareille circonstance, ce n'est pas qu'ils soient plus spécialement chargés que d'autres en temps ordinaire du service d'éclaireurs, mais uniquement, déclare Froissart, parce qu'on les considère comme les plus « chevalereux » et vaillants. A Poitiers, le roi Jean ignorera les moindres mouvements de l'ennemi.

Un échec isolé peut être le résultat d'une surprise ; mais quand un peuple essuie coup sur coup des défaites graves comme celles de Crécy en 1346, de Saintes en 1351, de Mauron en 1352, de Poitiers en

1356, il est rare qu'elles résultent de causes purement accidentelles et qu'elles ne soient pas la conséquence forcée d'une décadence plus ou moins générale, plus ou moins profonde. La vérité est que, à Crécy comme à Poitiers, c'est la France qui, restant stationnaire, se laissant envahir par un sentimentalisme romanesque, au lieu d'étudier de près et de s'assimiler les progrès militaires accomplis par une nation rivale, s'est deux fois trahie elle-même. Dans de pareilles conditions, l'incomparable infanterie anglaise ne pouvait pas être vaincue : cinq ou six mille archers anglais, exercés et outillés comme l'on sait et secondés par un égal nombre de coutilliers, devaient toujours avoir raison, du moins dans une attaque de front et de vive force, de la plus brave Chevalerie du monde, fût-elle même très supérieure par le chiffre des individus. Telle paraît avair été, du reste, l'opinion du plus fameux capitaine du Moyen Age, de Du Guesclin, qui ne livra jamais une grande bataille rangée contre une véritable armée anglaise qu'à son corps défendant : à Cocherel et à Pontvallain, où il fut victorieux ; à Auray et à Najera, où il resta vaincu. Mais loin de profiter de ses cruelles épreuves successives, la noblesse française, avec l'aveuglement de la routine, ne trouva rien à changer à ses anciens errements. Elle y persista si bien que, le 6 avril 1362, elle éprouva un nouveau désastre plus honteux encore : elle se fit battre à Brignais par un ramassis de brigands d'origine anglaise.

Deux ans s'étaient à peine écoulés depuis cette défaite que Charles V signalait son avènement au trône en appelant Du Guesclin, quoi qu'il fût simple chevalier et qu'il dût avoir sous ses ordres un prince du sang, à commander l'armée qui vainquit à Cocherel. C'est le point de départ d'une ère nouvelle et glorieuse, où peu à peu tout se relève ; la stratégie et la tactique, c'est-à-dire les conditions normales de l'art militaire, provoqueront ce relèvement universel. « Il était temps que cette révolution arrivât. Pendant les règnes de Philippe de Valois et de Jean, au moment même où l'Angleterre réalisait de merveilleux progrès, on vient de voir ce qu'était devenu ou, pour être plus exact, ce qu'était resté chez nous l'art de la guerre. Tandis que le génie organisateur d'Edouard III mettait au service d'une ambition insatiable l'infanterie la plus redoutable peut-être que l'Europe eût vue depuis la chute de l'empire romain, en France, au contraire, la routine, aggravée par le préjugé d'un faux idéal chevaleresque, menaçait de faire disparaître complètement le véritable esprit militaire (1) ». Nous devions

(1) Simeon Luce, *loc, cit.*, p. 159.

encore subir, au commencement du siècle suivant, le désastre d'Azincourt.

Du-Guesclin d'abord, Jeanne d'Arc ensuite devaient seuls, à force d'autorité et de génie, modifier momentanément l'erreur du tempérament national et servir ainsi d'illustres précurseurs aux grands tacticiens français de l'ère moderne.

II

La vie privée en France au commencement du XIVe siècle.

C'est au moment où la fortune militaire de la France, où la force effective de son armée reposait ainsi tout entière dans la noblesse qu'il s'opéra dans les habitudes de celle-ci une révolution dont les conséquences furent pernicieuses. La cause primordiale de cette révolution fut, sans doute, le développement merveilleux de la richesse publique qui marqua le second quart du XIVe siècle et que la guerre de Cent Ans vint si brusquement interrompre. Ce développement se traduisit, entre autres choses, comme nous le démontrerons plus loin, par un accroissement notable de la population ; mais il eut aussi pour résultat, ainsi qu'il arrive inévitablement en pareil cas, en diminuant la puissance de l'argent, de produire une perturbation profonde dans tous les intérêts. Cette révolution, ce fut l'apparition d'un luxe effréné ; et, comme le fléau prenait sa source dans l'opulence générale, les classes qui la détenaient furent naturellement celles qui subirent d'abord les atteintes de la contagion et qui en ressentirent le plus gravement les effets. La subite invasion du luxe, outre qu'en introduisant la frivolité elle énerva l'esprit de la noblesse, amena l'abaissement des caractères, la corruption des mœurs. « Comment les âmes n'auraient-elles pas perdu quelque chose de leur virilité, se demande avec raison de M. Siméon Luce (1), comment les corps eux-mêmes ne se seraient-il pas, dans une certaine mesure, amollis et efféminés à une époque où la toilette des hommes devint plus recherchée, plus coûteuse, plus incommode que celle des femmes, où les chevaliers se mirent à porter ces vestes de drap brochées d'or qui étranglaient la taille si courtes, dit un chroniqueur contemporain, qu'elles étaient inconvenantes ; ces panaches de plumes d'autruche, ces chapeaux d'or garnis de perles du prix de cent, de deux cents moutons, ces cuirasses constellées de pierreries, ces chaussures à pointe recourbée d'une longueur démesurée, dites à la poulaine, en un mot toutes ces fantaisies ruineuses dont la mode commença alors à se répandre ? » Cette frénésie de luxe

(1) Siméon Luce, *loc. cit.*, p. 138.

n'eut d'égale que la corruption des mœurs. Froissart, ce chantre de la Chevalerie, dont il n'a voulu voir que les prouesses et les élégances, se laisse parfois entraîner au récit d'étranges choses à ce propos. Si des gentilshomme de bon lieu ne rougissent point trop souvent de se procurer de l'argent par les moyens les plus répréhensibles, c'est qu'il ne visent qu'à s'éclipser les uns les autres dans ces fêtes, à la fois militaires et galantes, qui passionnent alors toutes les imaginations. Quand on affecte de si beaux habits, de si magnifiques armures, cherche-t-on autre chose que l'occasion d'en faire parade? Le progrès du luxe entraîna donc, comme une conséquence nécessaire, la passion des tournois. Chaque chevalier se crut alors appelé à mettre en pratique les fabuleux et romanesques exploits d'un Lancelot, d'un Gauvain, d'un Galehaut ou de tout autre héros de la Table-Ronde. Nous avons vu vers quels funestes résultats cet affolement désordonné précipita le pays.

Par bonheur, la classe moyenne des villes et les populations rurales avaient su se préserver de ce courant insensé. Elles, du moins, tout en prenant dans une suffisante mesure leur part de l'aisance commune, conservèrent leur prudence et leur sang-froid. Ce fut ainsi qu'elles sauvegardèrent leur énergie et qu'elles préparèrent inconsciemment le grand réveil national quand, un siècle plus tard, il s'agit de chasser définitivement l'Anglais du sol de la France.

Grâce aux recherches aussi minutieuses que patientes de nos savants, il est aujourd'hui hors de doute que la population de la France, pendant la première moitié du XIVe siècle, avant la peste de 1348 et les premiers désastres de la guerre de Cent Ans, égalait au moins, si même elle ne dépassait pas un peu, sur la partie du territoire alors habitée et en exceptant nos grandes agglomérations urbaines, celle de la France actuelle. A cet accroissement de population correspondait, nous le répétons, une aisance générale dont notre pays n'a peut-être retrouvé l'équivalent qu'à une époque assez récente (1) ; nous allons en faire brièvement la preuve. Toutefois, nous emprunterons de préférence nos exemples à la population rustique, parce que dans les classes où l'on jouit du superflu tel détail d'ameublement ou de costume, telle habitude de vie peuvent n'être qu'une fantaisie isolée, qu'un caprice individuel, qu'une exception, tandis que chez les paysans, qui ont coutume de pourvoir seulement au nécessaire, les traits observés sur un ou plusieurs sujets représentent en général fidèlement l'état de la classe tout entière.

(1) Consulter sur cette matière mon livre intitulé : *Nos Aïeux.*

A la fin du règne de Philippe de Valois, les villages sont nombreux dans les campagnes de Bretagne et de France, plus nombreux même qu'actuellement sur certains points. Peu de demeures isolées ; les maisons se groupent, d'ordinaire, en hameaux. Ce sont, il est vrai, des cabanes assez grossièrement construites, aux murs de terre, d'argile ou de torchis, où la maçonnerie est l'exception, aux toitures de chaume ou d'aisseule, sauf dans certaines régions bretonnes et angevines, où les ardoisières abondent, aux fermetures assez sommaires, aux jours assez mal disposés ; la plupart n'ont qu'un rez-de-chaussée : mais ces habitations modestes diffèrent-elles donc bien sensiblement de celles des paysans de nos jours, en Basse-Normandie, par exemple, ou dans l'Armorique ? Le mobilier de ces chaumières est, également, à peu près le même qu'on y trouve encore aujourd'hui : cruches de cuivre à porter le lait, courges à porter l'eau, poêles à queue, chandeliers de cuivre, de laiton ou de bois, hanaps de madre vermeil, rouets à brouette, landiers ou chenêts de fer, cognées, grands ciseaux de jardinier, brouettes, paniers qu'on met sur les chevaux quand on va au marché ou en voyage. Le verre et l'étain forment, en quantité à peu près égale, la matière ordinaire des objets de gobeleterie ; les pots de cuivre sont plus rares. Mais ce qu'on n'apprendra pas sans surprise, c'est que l'argenterie entre alors pour une large part, plus large que présentement, dans la vaisselle du peuple des campagnes ; il est question à chaque instant de hanaps, de gobelets, de cuillers d'argent. Luxe plus somptueux encore ! le verre à vitre, épais et opaque, hérissé de gros nœuds, comme on en voit encore du reste actuellement aux fenêtres des habitations rurales dans certaines provinces, fait son apparition. Un receveur de la rançon du roi Jean, au diocèse de Bayeux, ferme déjà les fenêtres de son bureau de recette avec du verre blanc des fabriques de l'Argonne. Les volets de bois, les parchemins huilés recommandés par l'auteur contemporain du *Ménagier de Paris*, les toiles cirées qui interceptent l'air et la lumière vont, décidément, avoir bientôt fini leur temps (1).

L'inventaire d'un paysan aisé de la Basse-Normandie, dressé en 1333, comprend, en fait de bestiaux : un cheval rouge, deux poulains, deux truies, cinq veaux, deux vaches, deux génisses, un bélier, dix brebis, deux agneaux, deux oies, six oiseaux. Le mobilier qui garnit la maison se compose de quatre poêles, deux pots de métal, quatre huches, deux écrins, deux lits de plume, trois tables, un petit écrin, un bois de lit, une pelle de fer, un gril, un trou et une lanterne. La garde-robe se réduit à un surcot de brunette fourré, à un

(1) Siméon Luce, *loc. cit.*, p. 49-50.

Les routiers.

surcot de drap également fourré à usage de femme, et le linge à huit draps de lit, à deux nappes et à une serviette ; il est vrai qu'on mentionne dans cet inventaire neuf pièces de fil préparées pour le tisserand. On trouve dans la cave deux tonneaux, deux cuves, un refroidisseur, deux pipes, deux queues, un plomb et deux poulains pour descendre le vin. Les instruments aratoires sont : une charrette ferrée, trois charrettes légères, une charrue ferrée, deux herses, trois colliers avec les traits, un boisseau pour mesurer le grain une bêche, une selle pour charrette, une paire de roues de bois, une faulx et deux faucilles. Les fermes sont riches en bestiaux. Même en 1364, après les huit années de troubles qui ont suivi le désastre de Poitiers, dans une ferme qu'Even Dol, conseiller du roi, possède à Pomponne, près de Meaux, on compte encore six bœufs d'attelage, quatre vaches à lait, soixante bêtes à laine, une truie et une fosse à poisson. De grands chiens de garde complètent cet ensemble d'animaux à nourrir ; et même, vers la fin du siècle, on voit s'introduire la mode des chiens épagneuls. Les salaires des serviteurs sont alors aussi élevés qu'ils l'ont été pendant la première moitié du siècle actuel, en tenant compte de la différence du pouvoir de l'argent à ces deux époques ; ils varient, pour le loyer à l'année, de 7 à 5 francs et, pour une journée de travail, de 3 sous à 2 sous 6 deniers tournois (1).

L'alimentation des paysans atteste, non moins que le chiffre des salaires, l'aisance qui règne dans les campagnes. Le pain blanc n'est pas rare. On y mange, à l'ordinaire, de la viande de porc, sous forme de lard salé ou de jambon, comme aussi des volailles, qu'on larde pour en rendre la chair plus savoureuse. En Bourgogne, les ouvriers employés à la vendange ducale mangent de la viande de bœuf ou de mouton à tous leurs repas. Un convive considère qu'on l'insulte quand on lui sert des pigeons simplement cuits à l'eau, et un voyageur breton dégaine dans une hôtellerie parce que la viande qu'on lui présente n'est pas assaisonnée de moutarde : c'est que la moutarde, comme du reste toutes les épices, est un condiment dont on fait le plus grand usage ; et, dans les meuneries de quelque importance, il y a, presque toujours, contre trois moulins à blé un moulin à moutarde. Dans les plus humbles ménages, on met la nappe sur la table quand on donne à dîner à ses parents ou à ses amis. Les boissons sont à si bon marché qu'on en fait une consommation énorme. Dans les pays de vignobles, comme il n'est besoin d'aucune autorisation pour vendre le vin au détail, il y a presque autant de taver-

(1) Siméon Luce, *loc. cit.*, p. 51-52.

niers que de propriétaires de vignes. En Normandie, le cidre tend à supplanter l'antique cervoise, et les auberges où on le débite commencent à devenir nombreuses ; ce qui n'empêche pas chaque hameau de posséder un ou même plusieurs débits de vin ou de bière. Les libations sont d'autant plus prolongées qu'il est de mode de mêler au vin un peu de gingembre. Les produits exotiques ne sont guère recherchés que par la haute noblesse : toutefois, il n'est pas rare de voir figurer sur des tables bourgeoises des vins de Portugal, déjà très renommés. On célèbre, du reste, par de véritables banquets toutes les circonstances solennelles de la vie, baptêmes, fiançailles, noces, relevailles, enterrements, fêtes des saints, patrons de confréries, retours de pèlerinage ; et ces banquets ont un caractère tellement public que le premier venu, un passant, peut s'y inviter. Le festin a-t-il lieu dans une taverne ? l'usage est de payer aux compagnons qui se trouvent là ce qu'on appelle l'*avantage de la noce*. Dans tous les cas, chacun a l'habitude d'apporter son écot. De pareilles fêtes se terminent par des danses : on loue pour la circonstance des musiciens ou *ménestrels*, et les jeunes gens vont alors en grande pompe et au son de la musique inviter les jeunes filles de la localité. Il y a dans chaque village un lieu réservé pour ce genre de divertissement ; en certains endroits, c'est le cimetière : les femmes mettent des gants blancs avant d'entrer en ronde, et, parfois, l'on donne un coq au mieux dansant (1).

Sur ce terrain, toutes les classes sociales fusionnent. C'est ainsi que nous voyons le jeune Bertrand du Guesclin aller à la taverne de La Motte-Broons en compagnie de simples fils de paysans, qu'il associe à ses jeux : il paie l'écot de ses camarades s'il a de l'argent ; s'il n'en a pas, il demande crédit au tavernier, lui promettant de solder la dépense à bref délai, dût-il mettre en gage une coupe d'argent ou aller vendre à Rennes une des juments de son père. C'est qu'il y avait, à cette époque, une compensation aux privilèges dont jouissaient la noblesse et le clergé ; c'était la familiarité, on pourrait presque dire la camaraderie des relations qui s'établissait d'ordinaire, dans les campagnes surtout, entre ces deux classes et le peuple proprement dit.

Nobles, clercs, gens du peuple exerçant les diverses professions manuelles vivaient alors, pour ainsi dire, en commun ; et on les trouve perpétuellement mêlés ensemble dans toutes leurs habitudes journalières, non seulement à l'église et dans les confréries, mais encore au jeu et à la taverne. Le moindre village possédant

(1) Siméon Luce, *loc. cit.*, p. 52-56.

déjà son débit de boissons, tous y viennent boire sans aucun scrupule.

Des chevaliers et des écuyers y font des repas en *pique-nique* avec les laboureurs et les charpentiers du lieu. En ces temps où la plupart des revenus se composent de produits en nature et où la rareté du numéraire, l'insécurité ou le mauvais état des routes, le manque de débouchés ne permettent pas toujours de vendre le vin autrement qu'en détail, des gentilshommes tiennent parfois eux-mêmes des tavernes et, à l'occasion, prennent part aux luttes des paysans. La fréquentation commune de l'école rurale a déjà, d'autre part, resserré depuis longtemps ces liens de familiarité. Au reste cette communauté des mœurs locales, loin de ne point se concilier avec l'inégalité profonde des conditions qui caractérisait la société du Moyen Age, en est, au contraire, le résultat : c'est là seulement où une ligne de démarcation bien nette ne sépare pas les diverses classes qu'elles affectent, d'habitude, de tenir à distance les unes des autres.

A mesure que l'aisance se répand, les habitudes de propreté pénètrent dans toutes les classes. « Qui donc a dit, demande à ce propos M. Siméon Luce (1), que le Moyen Age n'a pas connu l'usage des bains et qu'après

(1) Siméon Luce, *loc. cit.*, p. 56

la chute de l'empire romain on ne s'est pas lavé pendant mille ans ? Les faits opposent le plus complet démenti à cette parole imprudente ». Dans tous les centres de quelque importance, les personnes de toute condition fréquentent les établissements de bains ou *étuves* : on s'y donne rendez-vous ; ce sont des lieux de réunion, de délassement et de plaisir ; on y va comme on va à la taverne. Au surplus, toute habitation un peu aisée est pourvue de sa « cuve à baigner », et l'on n'est pas médiocrement surpris de trouver de petits établissements de bains dans de simples hameaux. Les princes et les grands seigneurs ont l'usage de se baigner dans de l'eau parfumée d'essence de roses. Ce soin du corps entraîne bientôt le luxe du vêtement. Nous avons constaté plus haut le faste des nobles ; mais, dans toutes les classes, les chaperons à l'usage des femmes sont ornés, d'ordinaire, de boutons d'argent. Presque toutes les pièces de l'habillement sont garnies de fourrures : toutefois, comme la dépouille des animaux des régions glacées est d'un prix trop élevé, le petit peuple se rabat sur les peaux d'écureuil, de renard et de lapin. Partout on se repose sur des matelas ou même sur des lits de plume, et il est de mode d'avoir des taies d'oreiller découpées à jour. En outre, l'originalité du XIVe siècle, en fait de vêtement, est d'avoir été le siècle du linge, et l'usage universel de la chemise « est, à le bien prendre, l'événement le plus considérable de ce temps (1) ». En effet, cet usage amène, comme une conséquence naturelle, la fabrication du papier de chiffe, lequel se substitue au monopole si coûteux du parchemin : le papier fabriqué avec des chiffons de linge devient, dès lors, de plus en plus commun et de moins en moins cher jusqu'à ce que cette abondance et ce bon marché inspirent, un siècle plus tard, le génie de Jean Gutenberg. C'est ainsi que ce XIVe siècle, si misérable au point de vue politique, si abaissé au point de vue de l'invention littéraire, se relève comme l'indispensable préparateur du siècle de l'imprimerie. Voilà pourquoi il est permis de conclure, sans tomber dans le paradoxe, que l'essor donné à un détail du vêtement et, par suite, à une industrie nouvelle constitue l'événement pratique le plus considérable de l'époque où vécut Du Guesclin.

La noblesse, enfermée dans ses châteaux-forts, et le peuple, que préoccupe seulement le souci matériel de son existence, ne comprennent point alors la portée de cette double innovation : pourtant, l'une et l'autre engendreront la Réforme.

(1) Siméon Luce, *loc. cit.*, p. 60.

III

Enfance et jeunesse de Bertrand du Guesclin.

Une vieille forteresse située sur la paroisse de Saint-Coulomb, entre Saint-Malo et Cancale, au sommet d'un roc escarpé qui domine la mer, fut le berceau de la maison des Du Guesclin. Un peu à l'est de cette forteresse, dont il est fait mention jusque vers le milieu du XIIIe siècle, la masse sombre du Mont-Saint-Michel se dresse à l'horizon. En 1237, la branche aînée de la famille, dite Du Plessis-Bertrand, fit construire non loin de là le château neuf de Guarplic, dont les ruines, qui subsistent encore, semblent être celles d'une construction très imposante ; sa forme rappelle un peu les dimensions de la Bastille. La branche cadette, à laquelle appartenait le futur grand connétable de Castille et de France, occupait, aux environs de Rennes, le beaucoup plus modeste fief de La Motte-Broons.

Qu'on se figure un de ces manoirs, moitié gentilhommières, moitié fermes, qui ne se distinguent des habitations des riches paysans que par deux ou trois tourelles et un colombier, avec quelques chambres où le jour pénètre à peine par des croisées de pierre sans vitrage, fermant avec de simples volets, et dont tout le mobilier consiste en grands lits à ciel et rideaux d'étoffe grossière, en coffres, bahuts et escabeaux de bois ; au rez-de-chaussée, une vaste salle à manger que signale une longue table de chêne bordée de bancs rustiques, où le maître de la maison, la châtelaine et leurs enfants se tiennent le plus souvent au milieu du va-et-vient des serviteurs, des fermiers et métayers : tel était l'aspect du lieu où Bertrand vit le jour.

C'est à peine si l'on connaît la date de la naissance de ce grand homme de guerre : on est réduit à supposer qu'il naquit vers 1320 (1). Sa famille était une des plus anciennes de la Bretagne et, s'il faut en croire les chroniques et les récits du temps, d'origine royale. Un roi maure, nommé Aquin, se serait établi dans le huitième siècle en Armorique, où il bâtit le château de Glay, d'où l'on fit Glay-Aquin. On raconte encore que ce roi prit les armes contre Charlemagne et que l'empereur vint lui-même combattre le Maure, qui fut

(1) Vers 1314, d'après M. Guizot (*Histoire de France racontée à mes petits enfants*).

vaincu. Or, on sait que Charlemagne n'alla jamais en Bretagne. Quoi qu'il en soit, le vrai nom de Du Guesclin le fait bien descendre de ce roi maure, s'il a jamais existé. Dans les actes du temps, il est tour à tour désigné sous les noms de Glayaquin, Glecquin, Glesquin et sous une foule d'autres plus ou moins dissemblables, selon l'orthographe du temps, très fantaisiste à l'égard des noms propres. Du Guesclin avait-il connaissance des traditions ou légendes qui couraient sur son origine lorsque, après la guerre de Castille, il eut un instant l'idée de passer en Afrique et d'aller guerroyer en vraie terre d'infidèles, peut-être de s'y tailler un petit royaume? C'est possible, mais, après tout, assez peu important.

Bertrand était le fils de Regnault du Guesclin et de Jeanne de Malemains, et l'aîné de quatre fils et six filles. D'ordinaire, en ces temps féodaux, l'aîné de la famille était l'objet de soins et d'attentions particulières, et la tendresse des parents était double pour cet enfant qui devait un jour prendre l'épée de son père et continuer les traditions d'honneur du nom et du blason; il n'en fut pas de même pour Bertrand. Il était très laid (1); ses parents, sans doute à cause

(1) « Bertrand du Guesclin, aisné fils de Regnault du Guesclin, fut de moyenne stature; le visage brun, le nez camus, les yeux verts, large d'épaules, longs bras et petites mains ». (*Chronique de Du Guesclin*, édition Fr. Michel, 1830.)

de cela, le prirent en aversion, et même, d'après un chroniqueur, en véritable haine, car « ils souhaitèrent souvent le voir mort ou noyé ». Tout au moins avaient-ils honte de lui : ils ne le toléraient qu'à grand'peine en leur présence, et devant des étrangers ils l'auraient volontiers renié pour leur fils. Bertrand fut élevé non comme un gentilhomme, mais comme un paysan : ce n'était pas avec ses frères qu'il jouait et s'ébattait, mais avec les autres enfants du village, se plaisant à lutter et à se battre avec eux, mais surtout à les battre. Son jeune caractère, aigri par le manque de caresses, devint enclin à l'obstination et à la révolte. Il était en même temps très fier, très violent et, dès son plus jeune âge, d'une force peu commune : on l'humiliait et on le dédaignait ; on ne tarda pas à le craindre.

Toute la famille mangeait à la même table, même les plus petits enfants, sauf Bertrand, relégué dans un coin. Un jour, il n'avait guère que six ans, comme on allait commencer le repas tout à coup Bertrand se lève et, brandissant un gros bâton, se met à crier : « Faut-il que tout le monde soit assis sans moi ! Vous mangez les premiers, et je suis obligé d'attendre, moi, comme un vilain. Je veux être à table avec vous, et, si vous dites un mot, je renverse pain, viandes, vin ».

Son frère, intimidé peut-être par son regard et par

ses gestes menaçants, l'invita doucement à prendre place parmi eux ; mais à peine à table, comme il avançait la main vers le plat qui était devant lui, sa mère s'écria avec humeur :

— « Bertrand, si vous ne vous retirez, vous serez fouetté ! »

A cette menace, Bertrand se lève soudainement, renverse la table et brise tout ce qu'il y avait dessus, de sorte qu'il ne resta ni pain, ni vin, ni chapon. « Par Dieu ! s'écrie la mère ébahie, quel grossier charretier ! Plût au Ciel qu'il fût mort ! Je vois bien qu'il ne fera pas honneur à sa famille ; car il n'y a en lui ni sens, ni convenances, ni raison (1) ».

Une autre fois, une religieuse, amie de la maison, fut témoin d'une scène pareille et manqua même d'être victime des brutalités de Bertrand ; mais, femme de sens, elle devina en cet enfant mal élevé et fantasque le germe des qualités qui devaient faire sa gloire : le courage et la fierté. Aussi lui prédit-elle qu'un jour nul en France n'aurait plus grande réputation que lui.

Encore tout jeune, Bertrand disait lui-même : « Je suis laid, je ne serai jamais bien vu des dames ; mais, en revanche, je saurai toujours me faire respecter de mes ennemis ! »

(1) Cuvelier, *La Vie de Bertrand du Guesclin*, édition Fr. Michel.

Il tint parole. Sa force et son adresse aux exercices du corps secondaient sa bravoure. Dès sa plus tendre enfance, les jeux violents étaient sa passion : il n'avait de goût que pour cela. Jamais il ne put, ou plutôt ne voulut apprendre à lire, et tout ce qu'il sut de l'écriture fut de signer son nom : *Bertran* (1). L'instruction, du reste, était dans ce temps-là l'apanage presque exclusif des gens d'église, des moines, des gens de loi, des médecins. Les livres écrits à la main étaient rares et chers : ce qu'on savait, on l'avait surtout appris par les récits qui se transmettaient de bouche en bouche. La tradition remplaçait l'histoire ; elle était la source de presque toutes les connaissances.

Un des passe-temps favoris du jeune Bertrand était de rassembler tous les enfants des environs, au nombre de quarante ou cinquante, de les diviser en deux troupes et de les faire se battre les uns contre les autres à son commandement. Il prenait part lui-même à ces luttes, qu'il dirigeait, et, lorsque la victoire penchait d'un côté, il se joignait à l'autre et rétablissait par sa force, par son adresse, l'équilibre entre les deux camps. La lutte finissait à son signal : les enfants lui obéissaient comme des soldats à leur chef. Le combat terminé, il menait ses troupes dans quelque cabaret, payait pour chacun,

(1) Fr. Michel, *loc. cit.*, en donne le fac-similé.

s'il avait de l'argent. S'il n'en avait pas on lui faisait crédit, et un de ses historiens rapporte qu'il s'acquittait ponctuellement, dût-il pour cela dérober à son père quelque cheval qu'il allait vendre à Rennes (1).

Ces jeux soldatesques, desquels Bertrand revenait les habits en lambeaux, quelquefois la figure ensanglantée, déplaisaient fort à ses parents. Aussi, voyant que malgré leurs remontrances Bertrand continuait, selon l'expression de sa mère, à se conduire comme un manant, on ne trouva rien de mieux que de l'enfermer dans une chambre isolée du château, où il resta quatre mois prisonnier. Mais un jour, exaspéré, il se jeta sur la caméristе qui lui apportait ses provisions, saisit le trousseau de clefs qu'elle portait, l'enferma à sa place et s'enfuit du château.

Après avoir couru par la campagne, joyeux d'avoir repris sa liberté et de respirer le grand air, il aperçut un paysan qui labourait avec deux chevaux appartenant à son père. Il en prit un, malgré les objections du paysan, monta dessus et arriva à Rennes, chez son oncle. Là, il fut assez bien reçu. Après un an de séjour, la colère de son père étant passée et, de son côté, son caractère brutal s'étant adouci aux amicales remontrances de son oncle, il revint à La Motte-Broons. Il

(1) Claude Ménard, *Histoire de Bertrand du Guesclin*, 1618.

commença alors à quitter les luttes vulgaires, qui avaient été la passion de son enfance, pour les joutes et les tournois, où les gentilshommes combattaient à cheval et avec la lance. Il y devint d'une grande adresse, ce qui lui attira enfin les bonnes grâces de son père (1).

En l'année 1338, Bertrand ayant dix-huit ans environ, un grand tournoi fut annoncé à Rennes, à l'occasion du mariage de Jeanne-la-Boiteuse, fille du duc de Bretagne, avec Charles de Châtillon, que nous retrouverons bientôt sous le nom de comte de Blois.

Au jour fixé, au milieu des brillants chevaliers, magnifiquement armés, montés sur de superbes chevaux, on vit arriver un jeune homme, petit, trapu, laid, sans armure, hissé « sur un cheval de meunier » ; c'était Bertrand.

Les joutes commencèrent. Réduit par la pauvreté de son équipage à demeurer spectateur, il enrageait de voir ces heureux chevaliers porter de si beaux coups et se désespérait lorsqu'il vit un des combattants, ennuyé ou fatigué, quitter la lice et rentrer dans la ville. Bertrand le suivit jusque dans la chambre où il se débarrassait de son armure et, se jetant à ses pieds, le supplia de lui prêter son équipement. Le chevalier y con-

(1) Hay du Chastelet, *Hist. de Bertrand du Guesclin*, 1665.

sentit de bonne grâce ; il arma lui-même Bertrand, lui prêta son cheval et lui donna un valet pour l'accompagner.

Bertrand court à la lice, entre, visière baissée, non sans émotion, malgré sa hardiesse, et, aussitôt provoqué, accepte le combat. Les chevaux bondissent l'un vers l'autre, les lances se croisent. Bertrand a si bien pris ses mesures qu'il renverse son adversaire et le désarçonne.

Le chevalier vaincu ne put s'empêcher de s'écrier :

— « Dieu ! par qui donc ai-je été attaqué ? Jamais lance ne visa mieux ».

On voulut savoir le nom de ce nouveau venu ; Bertrand répondit :

— « Vous ne le saurez que si je suis décoiffé par quelqu'un de vous. Alors seulement vous me connaîtrez ».

Regnault du Guesclin, qui était des combattants et, avant l'arrivée de son fils, maître avec les siens du champ de bataille, voulut défier lui-même l'inconnu pour venger la défaite du cavalier désarçonné, qui était de son parti.

Bertrand accepte d'abord, puis, reconnaissant son père à l'écusson, il baisse sa lance et regagne sa place. Un autre chevalier, croyant que ce n'est que par crainte qu'il a refusé le combat, le provoque à son tour. Cette fois, Bertrand accepte, et son second adversaire a le sort du premier.

Enfin, après quinze courses où l'inconnu fut vainqueur, un chevalier normand, très renommé pour son adresse, réussit à faire sauter sa visière, et, au grand étonnement comme à la grande joie de ses amis, on reconnut Bertrand du Guesclin. Son père vint à lui tout rayonnant et lui dit : « Gentil fils, je vous donne l'assurance que je ne vous traiterai plus désormais aussi vilainement que je l'ai fait jusqu'ici. Vous aurez des chevaux, de l'or et de l'argent à souhait ; et, pour la vaillance que vous avez montrée aujourd'hui, vous pourrez aller où vous voudrez acquérir de la gloire ».

Le prix du tournoi fut adjugé à Bertrand.

Il accompagna son père à la maison, et, lorsque sa mère apprit qu'il avait remporté le prix des joutes, elle en eut une grande joie et se rappela la prophétie de la religieuse (1).

A partir de ce moment-là, Bertrand prend part à tous les tournois de la contrée ; il commence à guerroyer à droite et à gauche en proférant le cri de guerre qu'il avait adopté après sa première victoire :

« Notre-Dame-Guesclin ! »

(1) Cuvelier, *loc. cit.*

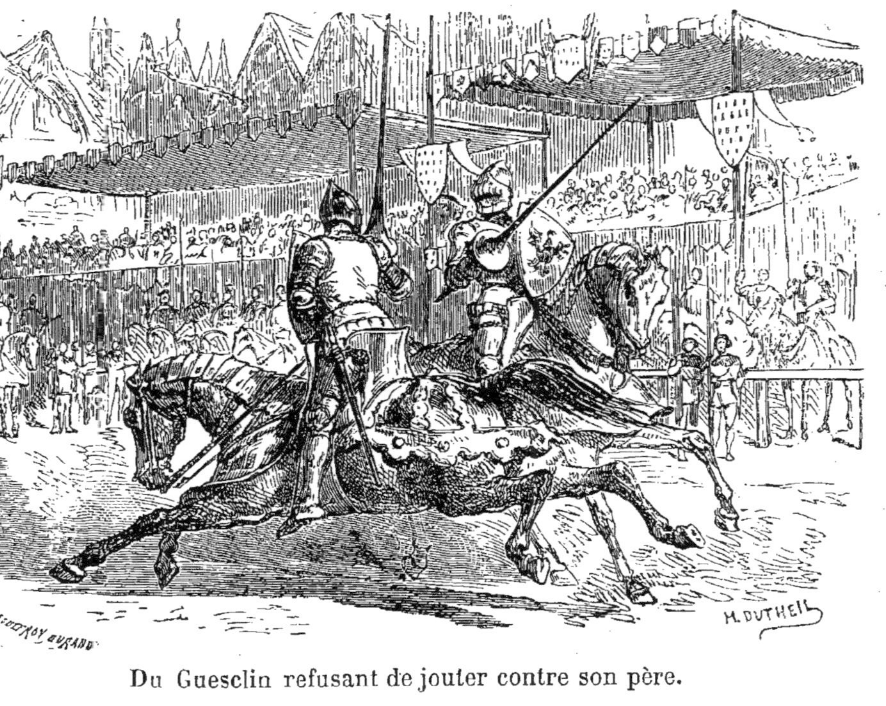

Du Guesclin refusant de jouter contre son père.

IV

Premiers exploits de Du Guesclin en Bretagne.

Lorsque Jean III, duc de Bretagne, mourut en revenant du siège de Tournai, des compétitions s'élevèrent, car il ne laissait d'autres héritiers que sa petite-fille, mariée à Charles de Châtillon, comte de Blois, et un frère, Jean de Montfort (1). Tous deux prétendirent succéder au duc Jean ; mais Montfort se rendit à Nantes, se proclama duc de Bretagne et convoqua les barons, les chevaliers, les conseils des villes et des cités à venir lui rendre hommage. Personne ne vint qu'un simple chevalier, messire Hervé de Léon ; aussi Jean de Montfort, voyant que son duché ne se donnait pas à lui, rassembla des soldats et se mit en mesure de le conquérir.

Profitant de l'indolence de Charles de Blois, qui

(1) Consulter mon livre intitulé : Nos Héroïnes.

compte sur le secours du roi de France, son oncle, et qui attend, Montfort prend maintes villes et maints châteaux, y met des garnisons dévouées ; mais, jugeant bien que, s'il a pu prendre la Bretagne par un coup d'audace, il est incapable de la conserver seul, il part pour l'Angleterre et fait hommage de son duché à Édouard III, qui accepte avec empressement d'être le suzerain de cette province, « superbe entrée au royaume de France ».

C'est alors que Charles de Blois, après la décision du Parlement réuni à Conflans, qui proclamait que ses prétentions étaient justes, se mit en campagne pour conquérir le duché qui lui échappait.

Après quelques escarmouches, Charles de Blois vint mettre le siège devant Nantes. Montfort, qui défendait la ville, fut obligé de se rendre (1342) : il fut envoyé à Paris, où il mourut en prison (1) deux ans plus tard. Mais Jeanne-la-Boiteuse, sa femme, n'abandonna pas la lutte ; avec l'aide d'Édouard III, elle la continua fermement. A ce moment apparaît Du Guesclin ; ayant jugé que les droits de Charles de Blois étaient réels, il se rangea de son côté (2).

(1) Du moins, c'est ce qu'affirme Froissart dans sa *Chronique*. D'après Du Tillet, *Recueil des Traictez*, il aurait été mis en liberté en 1343. En tous cas, après le siège de Nantes on n'entend plus parler de lui.

(2) R. de Gourmont, *Bertrand du Guesclin*, p. 15-17.

« La guerre, remarque à cette occasion un des nombreux historiographes du héros (1), se faisait alors d'une manière bien différente de celle des temps modernes. Les armées, moins nombreuses que de nos jours, se rencontraient rarement en rase campagne. La stratégie, ou l'art de combiner les grandes opérations militaires, était à peu près inconnue : l'artillerie enfin, d'invention toute récente au XIVe siècle, employée quelquefois dans les batailles, n'était pas en usage pour les sièges ; ceux-ci formaient la principale occupation des armées, auxquelles la moindre place opposait souvent une longue résistance. Il n'y avait de sécurité, à cette époque, que dans l'enceinte des villes et dans les châteaux fortifiés où vivait la noblesse, et autour desquels se groupait la population des campagnes. Ces châteaux, bâtis pour la plupart dans des lieux peu accessibles, étaient défendus par d'épaisses murailles flanquées de tours et protégées par des fossés larges et profonds. Le plus souvent, à l'intérieur de la forteresse il y avait une grosse tour, appelée *donjon* ; elle servait de prison aux captifs, et d'asile ou de dernier refuge à la garnison lorsque celle-ci était chassée par l'ennemi des remparts extérieurs. Là vivaient avec

(1) E. de Bonnechose, *Bertrand du Guesclin*, p. 21-23.

leurs familles les seigneurs châtelains, entretenant dans leurs châteaux une petite troupe d'hommes d'armes et d'archers.

« La Bretagne était hérissée de ces forteresses : son sol, couvert de landes incultes et de forêts, était très favorable aux opérations de la guerre d'aventure, de surprises et de coups de main où Bertrand du Guesclin se forma et se prépara lentement à ses glorieuses destinées. C'est ainsi qu'il développa cette force herculéenne, cette activité merveilleuse, ce coup d'œil sûr et rapide, cet esprit d'invention fécond en ruses et en stratagèmes, toutes ces qualités guerrières enfin qui le rendaient si redoutable à ses ennemis. Il parcourut dix ans les genêts et les bois de la Bretagne avant de laisser des traces dans l'histoire, combattant pour la cause de Jeanne de Penthièvre et de Charles de Blois, ralliant autour de lui une petite troupe de partisans dévoués à sa fortune, battant la campagne, terrible à ses ennemis, généreux envers les siens, prodigue pour eux de son bien, souvent aussi de celui des autres. On raconte qu'un jour, manquant du nécessaire et n'ayant plus rien à donner à ses compagnons, il prit les joyaux de sa mère et les leur distribua ; méfait dont la noble dame, dit la chronique, fut affreusement courroucée. Peu de temps après cependant, il sollicita son pardon à deux genoux, mettant aux pieds de sa mère un riche butin, récente dépouille d'ennemis qu'il avait vaincus ».

Son nom paraît pour la première fois d'une manière authenthique en 1354, à l'occasion de la surprise tentée par les Anglais du château de Montmuran. Bertrand, qui avait taillé en pièces les agresseurs et fait prisonnier leur chef, Hugues de Caverley, fut comblé de louanges. Sa conduite lui mérita d'être créé chevalier dans la chapelle du château, où il fut armé par un seigneur normand, le sire Elâtre du Marais (1). Du Guesclin réussit alors à enrôler une compagnie de soixante hommes d'armes sous sa bannière, qui portait pour blason un aigle à deux têtes et aux ailes déployées. Tel fut le commencement de sa fortune.

Quelque temps après, se trouvant avec ses soixante hommes d'armes devant le château de Fougeray, il apprit que le gouverneur, Robert Blancbourg, était sorti, espérant surprendre quelques-unes des troupes de Charles de Blois qu'on avait signalées dans le voisinage. Bertrand se met en tête de s'emparer du château, malgré le petit nombre des siens. A la faveur d'une ruse, il réussit à entrer sans coup férir dans la place ; mais là, se faisant connaître tout à coup, il pousse son cri de guerre : « Guesclin ! »

(1) D'Argentré, *Histoire de Bretagne*, 1588 ; — Dom Morice, *Hist ecclés. et civile de Bretagne*, 1750.

La garnison court aux armes, un combat sanglant s'engage, les chances sont indécises lorsqu'un parti ami s'approche du château et vient au secours du brave chevalier. Quand ils entrèrent, ils virent Bertrand dans le plus fort de la mêlée, son armure rompue, tout couvert de sang. La victoire resta aux Français.

Bertrand et ses amis s'étaient installés à boire quelques cruches de vin lorsqu'ils furent informés que Blancbourg, le gouverneur, revenait et s'approchait du château. Bertrand n'hésite pas, il sort avec les siens : Blancbourg fut tué, et ses hommes mis en déroute (1). Après avoir laissé une forte garnison dans le château de Fougeray, Du Guesclin partit. Il guerroya obscurément pendant quelques années.

Ce n'est qu'en 1357, au siège de Rennes, qu'il devien un personnage historique.

La guerre intestine de Bretagne n'était qu'un épisode de la guerre entre la France et l'Angleterre. Les Anglais venaient d'être vainqueurs à Poitiers ; le roi Jean était prisonnier ; le dauphin Charles, âgé seulement de vingt ans, était un faible soutien pour la France ; l'armée, nobles et soldats, était désorganisée, le trésor vide. C'était une situation mauvaise entre toutes lorsque

(1) De Fréminville, *Hist. de Bertrand du Guesclin*, 1841.

Du Guesclin, par sa bravoure et sa belle conduite au siège de Rennes, au mois d'octobre 1356, se fit remarquer de Charles de Blois. Charles parla de lui au roi, qui voulut immédiatement l'engager à son service.

Cet événement ne contribua pas peu à relever, en donnant au redoutable chevalier un plus grand théâtre pour ses exploits, le courage et la fortune de la France.

Tel fut le renom de vaillance que Du Guesclin acquit à cette époque que le duc de Lancastre avait défendu aux chevaliers anglais de se battre contre lui en combat singulier. Mais les Anglais obéissaient malaisément à un ordre qui froissait leur honneur.

A quelque temps de là, comme Bertrand du Guesclin était assiégé dans la ville de Dinan par ce même duc de Lancastre, il se vit obligé, vu le petit nombre des siens, de demander une trêve de quarante jours. Elle lui fut accordée.

Pendant cette suspension d'armes (1), Olivier du Guesclin, étant sorti à cheval, rencontra Thomas de Cantorbéry, chevalier anglais d'une grande insolence, qui lui demanda brusquement son nom.

— « Puisque savoir le voulez, répondit-il, on m'ap-

(1) Fr. Michel, *Chronique de Du Guesclin.*

pelle Olivier du Guesclin, et suis frère cadet de Bertrand ».

— « Par saint Thomas, reprit l'autre, vous ne m'échapperez pas ! Vous êtes mon prisonnier, et vous le resterez en dépit de Bertrand ».

Olivier était sans armes et sans suite, tandis que l'Anglais avait avec lui quatre écuyers ; il répondit donc : « Je me rends, puisque vous le voulez, mais de moi vous n'aurez pas rançon ».

— « Au contraire, reprit le chevalier, vous me paierez mille florins ou jamais ne partirez. Ce n'est guère d'argent ; Bertrand en a assez ».

Olivier du Guesclin fut mené au camp anglais ; mais la scène avait eu pour témoin un chevalier breton, qui courut informer Bertrand. Dès qu'il eut appris que son frère avait été arrêté et fait prisonnier par Thomas de Cantorbéry, contrairement aux conditions de la trêve, il s'écria :

— « Par saint Yves, il me le rendra ! »

Sans perdre un moment, il monte à cheval, court au camp anglais et demande le duc de Lancastre. Le duc, qui jouait aux échecs avec un de ses plus fameux capitaines, Jonh Chandos, fait introduire Bertrand sous sa tente.

Aussitôt entré, Bertrand exposa sa plainte et demanda que Thomas de Cantorbéry fût cité en la présence du duc. Lorsque le chevalier anglais fut arrivé selon l'ordre qu'il avait reçu, le duc de Lancastre lui dit :

— « Voici Bertrand qui vous vient accuser que, malgré le répit que nous lui avons accordé, vous lui ayez pris son frère et le voulez rançonner comme un prisonnier ».

— « Sire, répondit le chevalier anglais, si ce Bertrand, que je vois icy, voulait soutenir que j'ai fait chose dont je sois à blâmer ni que bon chevalier ne pût faire, je suis prêt à me mesurer avec lui en champ de bataille, corps à corps, pair à pair ».

Il fut ainsi fait.

Les deux partis étaient dans l'impatience ; on tardait de voir les deux champions aux prises, et les bourgeois, malgré leur confiance en Du Guesclin, n'étaient point sans inquiétude à la nouvelle qu'il allait engager un combat à mort avec le chevalier anglais. Mais la belle Tiphaine Raguenel, fille de messire Robert Raguenel et de Jeanne de Dinan, vicomtesse de La Bellière, prédit à Bertrand un heureux succès, et tout le monde finit par être de son avis. Quant à Bertrand, rude en ses manières, il accueillit mal l'augure, disant : « Qui en femme se fie n'est guère sage ! »

C'était un combat à mort. Thomas de Cantorbéry ne tarda pas à s'apercevoir, en revenant à lui, dans quel mauvais pas il s'était mis. Il fit offrir à Bertrand de lui rendre son frère sans rançon ; mais Bertrand refusa, en ajoutant tout en colère : « Où je le détruirai, ou j'y laisserai ma vie ».

« Les deux champions, raconte un historien anglais contemporain (1), se mirent en position d'attaque et, la lance en arrêt, ils se regardèrent fièrement pendant un moment. Puis, au signal donné, ils piquent de l'éperon et se rencontrent sur le milieu du champ. Par-dessus les écus, les lances sont froissées, le feu jaillit, mais ni l'un ni l'autre ne fut renversé. Ils s'éloignent, ils reviennent, l'épée à la main, et une lutte corps à corps s'engage, acharnée, longue et sanglante, jusqu'à ce qu'enfin le chevalier anglais lâche son épée, ce qui donne à Bertrand un avantage dont il se hâte de profiter. Il descend du cheval, prend l'épée de son adversaire et la jette hors du camp. Sir Thomas de Cantorbéry, n'ayant plus d'autre arme que sa dague, évita les approches de Bertrand et dédaigna ses invitations répétées de descendre de cheval pour combattre à pied. Quand Bertrand vit qu'il ne pouvait atteindre son adversaire, il retira l'armure de ses jambes, qui empêchait ses mouvements, et résolut d'attendre l'attaque de son ennemi Le chevalier anglais s'élance,

(1) Jamiesen, *Bertrand du Guesclin et son époque* (1866), traduction de J. Baissac.

en effet, sur lui ; mais Bertrand, esquivant la charge, frappe à son passage le cheval, qui se cabre et jette son cavalier à terre. Bertrand fond alors sur lui, et après une lutte, corps à corps, lui porte à la figure et à la tête de tels coups avec son épée et son gantelet de fer que le chevalier est bientôt aveuglé par son propre sang ».

Deux amis de Thomas de Cantorbéry s'avancent alors, en disant :

— « Ah ! Bertrand, vous en avez l'honneur, vous en avez assez fait ».

Mais Bertrand répond :

— « Beaux seigneurs, laissez-moi terminer ma bataille. Ou il se rendra mon prisonnier, ou il restera mort sur la place ».

— « Bertrand, dit alors un chef anglais, Robert Knolles, je vous requiers que vous vouliez baillier votre champion au duc : il vous en saura bon gré. Vous en avez fait assez, il est bien en votre pouvoir ».

— « Je l'octroie », répondit Bertrand.

Ainsi finit le combat. Les bourgeois de Dinan acclamèrent leur chevalier et défenseur. Malgré son dédain apparent, Bertrand n'oublia pas Tiphaine Raguenel, qui lui avait si gracieusement prédit la victoire, car, quelque temps plus tard (1361), il demanda sa main et l'épousa.

A la suite de cette heureuse journée, il y eut grande fête à Dinan. Le gouverneur de la ville donna un grand repas, auquel tous les bourgeois furent invités(1). Le siège fut levé peu après.

Cet épisode donne une juste idée de la mauvaise foi anglaise. Aujourd'hui, nos séculaires rivaux d'outre-Manche n'ont point changé de méthode.

(1) Cuvelier, *loc. cit.*

V

Du Guesclin au service du roi de France. — Nouveaux exploits.

Le Dauphin, pendant la captivité du roi Jean, gouvernait la France : il avait, tout à la fois, à combattre les Anglais victorieux et son propre parent, leur allié, Charles-le-Mauvais, roi de Navarre. Ce dernier possédait en Normandie, en sa qualité de comte d'Evreux, de vastes territoires ; en outre, il s'était emparé de plusieurs places importantes sur la Seine, interceptant ainsi tous les arrivages de vivres qui descendaient le fleuve. Melun était au nombre de ces places : le Dauphin résolut de l'assiéger (juin 1359). C'est là qu'il fut rejoint par Du Guesclin.

La ville fut aussitôt investie, et, comme on voulait pousser rapidement les opérations du siège, un assaut général fut donné au point du jour. Mais, si l'attaque fut vive, la résistance ne fut pas moins acharnée, et bientôt les assiégeants durent reculer. En voyant les Français repoussés, Bertrand, que son courage emportait, saisit une échelle, l'appliqua contre la muraille et monta l'épée à la main, en se couvrant de son bouclier. Les assiégés firent, alors, pleuvoir une grêle de pierres sur l'audacieux, et l'échelle se rompit. Bertrand tomba la tête la première dans le fossé bourbeux. Sa pesante armure ne lui laissant pas la liberté de ses mouvements, il se serait infailliblement noyé si le Dauphin, qui surveillait l'attaque à quelques pas de là, ne l'eût fait retirer évanoui et à demi-mort. Il demeura pendant une heure sans connaissance. Toutefois, à peine revenu à lui, il retourne à l'assaut ; il court aux barrières, et là cette fois, sans fléchir sous les coups répétés de ses adversaires, terrible comme un bélier ou comme une machine de guerre insensible, il fait rage. La nuit seule sépara les combattants. On devait recommencer le lendemain, à la pointe du jour ; mais, dans l'intervalle, la ville se rendit au Dauphin, lequel y mit garnison et revint à Paris (1).

En récompense de sa bravoure, Du Guesclin reçut le gouvernement de Pontorson, place frontière sise entre la Normandie et la Bretagne. Le héros breton obtint, de plus, le brevet d'une compagnie de cent

(1) E. Gœpp. et E.-L. Cordier, *Bertrand du Guesclin*, p. 39-40

Bataille de Cocherel.

lances garnies, ou de cinq cents hommes à cheval au service de la couronne. Pontorson devint, par la suite, la résidence favorite de Bertrand ; il prit l'habitude de s'y retirer chaque fois que la guerre lui laissait quelque loisir. C'est là qu'eurent lieu les fêtes de son mariage.

Sur ces entrefaites fut signé (3 mai 1360) le traité de Brétigny, par lequel le roi d'Angleterre renonçait au titre de roi de France, mais était reconnu comme souverain des duchés de Guyenne et de Gascogne et de tout le pays au sud de la Loire qui avait fait partie de l'héritage d'Eléonore d'Aquitaine. Le roi Jean, s'étant en outre obligé à payer trois millions d'écus d'or pour sa rançon, recouvra sa liberté. La France put alors respirer un instant.

La réputation de Du Guesclin allait sans cesse grandissant, et il n'était bruit que de ses exploits dans les territoires demeurés français à l'ouest de la France et au sud de la Loire. Ces pays étaient ceux qui avaient le plus à souffrir des ravages tolérés par les gouverneurs anglais des provinces méridionales nouvellement cédées. Le commandant des forces royales du Bas-Poitou, Jean de Saintré, envoya demander un jour à Bertrand de venir l'aider à réduire la garnison anglaise du château d'Essay, qui désolait les campagnes environnantes restées françaises par de fréquentes et odieuses incursions. Mais Du Guesclin, après avoir purgé son propre gouvernement des bandes qui l'infestaient, fatigué déjà de la vie de combats et d'aventures, songeait, dit-on (1), à quitter la carrière des armes pour vivre de la vie de famille dans la retraite et le repos. Un autre motif le retenait encore : pendant les réjouissances qui suivirent son mariage, un chevalier anglais, Guillaume Felton, était venu avec trois cents lances jusque sous les murs de Pontorson provoquer Bertrand ; celui-ci, l'ayant rejoint dans les landes de Meillac, puis l'ayant mis en déroute et fait prisonnier, le gardait dans sa propre maison, suivant l'usage du temps, en attendant qu'il payât rançon. Ce fut Tiphaine, son épouse, qui le décida, dans l'intérêt de la cause royale, à se rendre à l'appel qui lui était adressé. Du Guesclin quitte donc Pontorson, franchit la Loire avec sa compagnie, à laquelle se joignent une foule d'auxiliaires empressés de servir sous ses ordres, et arrive avec 3,000 ou 4,000 hommes au camp de Jean de Saintré, devant les murs formidables du château d'Essay, qu'ils investissent. Les défenses extérieures sont rapidement emportées, et des échelles sont plantées au pied des remparts. Bertrand, sous une pluie de traits, y monte le premier et s'élance sur la muraille au cri terrible

(1) E. de Bonnechose, *loc. cit.*, p. 48.

de : « Notre-Dame-Guesclin ! » Ses compagnons le suivent ; les Anglais reculent. Ils fuient en désordre dans l'enceinte intérieure. Du Guesclin les y poursuit ; mais une poutre se brise sous son poids ; il tombe d'une hauteur de vingt pieds, et se casse une jambe. Cinq Anglais fondent ensemble sur lui ; il se relève, s'adosse à une muraille et de sa hache d'armes en abat trois. Epuisé par la fatigue et la douleur, il allait succomber quand ses Bretons surviennent et le délivrent; il défaille alors, et perd connaissance entre leurs bras. Comme on le croit mort, pour le venger on ne fait aucun quartier aux vaincus : tous périssent, et la forteresse est incendiée. Le héros blessé fut transporté à Nantes ; il y resta trois mois pour se guérir. Enfin, quand il put supporter le cheval, Bertrand reprit la route de Pontorson.

Mais, pendant son absence, Felton avait payé sa rançon à Tiphaine, qui l'avait remis, par suite, en liberté. L'Anglais ne songea plus, dès lors, qu'à se venger de son vainqueur : il savait que la garnison de Pontorson ne se composait plus que de quelques archers et de quelques domestiques. Une nuit, il vint avec deux cents hommes sous les murs de la place et, secondé à l'intérieur par la trahison d'une servante, tenta l'escalade. Les assaillants touchaient déjà aux créneaux quand la sœur de Bertrand, Jacqueline du Guesclin, religieuse de Saint-Sulpice de Rennes, s'éveille en sursaut, court du côté où le bruit se fait entendre, renverse l'échelle et les Anglais qu'elle porte dans le fossé, puis sonne la cloche d'alarme et appelle aux armes la garnison. Se voyant découvert, Felton ordonne la retraite. Le jour même, Du Guesclin, qui revenait avec sa vaillante armée, le rencontre, l'attaque et le fait prisonnier pour la seconde fois (1). En rentrant dans son château, il ordonna impitoyablement de mettre à mort la servante coupable. Ajoutons que la digne sœur du héros mourut, en 1405, abbesse de Saint-Georges, à Rennes, dans un âge fort avancé (2).

L'année 1363 vit, de nouveau, Du Guesclin en Bretagne. Cette fois, avec l'assentiment du roi de France, il commandait en chef l'armée de Charles de Blois. Il allait attaquer les partisans de Montfort quand les évêques de la province, s'interposant, firent accepter aux deux prétendants le traité d'Evran, qui partageait entre eux le duché. Des otages furent donnés des deux parts en garantie du traité, et Montfort exigea que Bertrand fut du nombre; celui-ci n'y consentit qu'à la condition formelle qu'il ne serait pas retenu au-delà d'un mois. Mais le traité, pour être validé, devait être ratifié par l'héritière légitime, Jeanne de Pen-

(1) E. de La Barre-Duparcq, *Hist. militaire des femmes*, 1873.
(2) Gœpp et Cordier, *loc. cit.*, p. 45

thièvre, qui s'y refusa. Elle écrivit à son mari : « Vous « ferez ce qu'il vous plaira ; je ne suis qu'une femme, « et ne puis mieux ; mais j'y perdrais plutôt la vie, et, « deux si je les avais, que d'avoir consenti à chose si « reprochable (1) ». Charles de Blois recommença donc la lutte, et rendit les otages qu'il avait reçus : mais Montfort, contre tout droit, refusa de remettre en liberté Du Guesclin, dont il confia la garde à ce même Felton qui, deux fois, avait été son prisonnier. Après deux mois d'une étroite captivité, Bertrand, trompant la vigilance de son gardien, s'évada. Felton, furieux, l'accusa d'avoir ainsi manqué aux lois de l'honneur et lui adressa un cartel. Le Dauphin fit instruire la cause par le Parlement de Paris avec le plus grand éclat. A la date du 28 février 1364, le Parlement rendit un arrêt solennel lavant Du Guesclin de toute imputation calomnieuse, déclarant qu'il n'avait point forfait à l'honneur et décrétant que le gage de duel ne devait pas être relevé en pareille circonstance (2).

Du Guesclin, retournant dans son gouvernement, venait de traverser Guingamp quand les habitants de cette petite ville coururent après lui pour le supplier de mettre un terme aux brigandages des gouverneurs anglais de Pestivien et de Trogoff. Le vaillant cheva-

(1) D'Argentré, *loc. cit.*
(2) Jamiesen, *loc. cit.*

lier ne put refuser son concours aux milices bourgeoises de la malheureuse cité, et les deux redoutables forteresses furent emportées d'assaut. Cette bienfaisante tâche accomplie, il rejoignit Charles de Blois à Nantes. Ce prince le présenta à la duchesse sa femme, en disant : « Madame, voici le vaillant Bertrand ! » En entendant nommer le héros, Jeanne de Penthièvre se leva précipitamment et, quittant une écharpe qu'elle s'occupait à broder, courut l'embrasser (1). A cette époque enthousiaste et galante, une pareille récompense était sans prix.

Du Guesclin, qui ne savait pas rester inactif, profita de la trêve consentie entre Charles de Blois et Jean de Montfort pour revenir trouver le Dauphin et lui offrir de nouveau ses services. La situation s'était empirée en France. Le roi Jean, revenu sur parole à Paris, avait dû reprendre le chemin de Londres parce qu'il n'avait pu trouver dans son trésor épuisé assez d'or pour payer sa rançon. Les capitaines anglais et navarrais occupaient, en Normandie, les places échelonnées sur la Seine. Pour en finir avec cette fâcheuse situation, sans cesse renaissante, le Dauphin ordonna la confiscation des biens de Charles-le-Mauvais. En conséquence, Bertrand prit le commandement de l'armée rassemblée à cet effet.

(1) Hay du Chastelet, *loc. cit.*

Il commença par investir Mantes. La ville était entourée de murailles formidables et protégée par un château-fort. Comprenant qu'un assaut lui ferait perdre beaucoup de monde, Bertrand n'hésita pas à user d'un stratagème pour réduire la place : des soldats déguisés en vignerons s'emparèrent d'une des portes et embarrassèrent le pont-levis, ce qui permit à Du Guesclin d'arriver à leur secours. Les bourgeois, affolés, se rendirent (7 avril 1364).

Mantes prise, on songea au donjon de Rolleboise, qui commandait la Seine et empêchait le ravitaillement de Paris. La garnison se composait de gens des Grandes Compagnies, faisant la guerre pour leur propre compte et attaquant indistinctement les troupes de tous les partis ; le capitaine brabançon Wauter Straël les commandait. Quand leur repaire fut assiégé, ces routiers résistèrent vaillamment ; mais, enfin, ils durent capituler, et la forteresse fut rasée. Ce succès inaugurait le nouveau règne de Charles V.

Bertrand fit alors embarquer une partie de ses troupes sur des bateaux et, faisant filer le reste de son armée le long du fleuve, il gagna Meulan, la dernière place qui lui restât à enlever pour débarrasser le cours de la Seine. A peine arrivé devant la place, une grenade, tombant à ses pieds, faillit le tuer. Sur le champ, il ordonna l'assaut et réussit, par une mine savamment conduite, à pratiquer une brèche. Les assiégés ouvrirent leurs portes ; la ville fut pillée d'abord et démantelée ensuite.

Le 17 avril suivant, en récompense de ses services, Du Guesclin reçut le titre de chambellan, accordé jusque là aux seuls grands seigneurs admis dans l'intimité royale. En outre, il lui fut alloué une gratification extraordinaire de 1,400 écus d'or ; dans le mandat de paiement, en date du 26 avril, il était qualifié de capitaine-général de Normandie pour le roi de France. Bertrand eût bien voulu regagner alors Pontorson ; mais les événements, qui se précipitaient, le forcèrent à remettre pour plus tard cette résolution.

VI

Batailles de Cocherel et d'Auray.

Charles-le-Mauvais, prétendant empêcher le couronnement de Charles V, avait envahi à son tour la Normandie pour se jeter de là sur l'Ile-de-France et arriver à Reims. Informé de ces projets, Charles V leva des troupes de tous côtés, fit appel à tous les braves capitaines qui lui étaient fidèles, et envoya une nouvelle armée en Normandie avec mission d'arrêter le roi de Navarre dans sa marche et de lui livrer une bataille décisive. Il en confia également le commandement à Bertrand du Guesclin, comme au plus brave et au plus expérimenté. L'armée, partie de Rouen, se mit en marche et rencontra l'ennemi du côté d'Évreux. Les Navarrais étaient sous les ordres d'un Gascon très renommé pour ses qualités militaires, Jean de Grailly, captal (1) de Buch : ils étaient au nombre de quinze cents environ, chevaliers, écuyers, archers et autres combattants. Les forces de Du Guesclin étaient à peu près pareilles (2).

Sachant que l'ennemi, parti d'Évreux, devait passer à Cocherel, petit village sur la rivière de l'Eure, c'est là qu'il rangea ses troupes, près du pont, dans une forte position, prêt à fondre sur les Navarrais dès qu'ils seraient signalés. Ceux-ci arrivèrent comme Du Guesclin l'avait pensé ; mais, à la vue de l'ennemi qui se préparait au combat, le captal fit prendre position à ses troupes sur une petite éminence d'où il dominait son adversaire, ce qui lui donnait un grand avantage en cas d'attaque. Du Guesclin, malgré l'impatience de ses soldats, se garda bien de risquer l'offensive. Il attendit deux jours que l'ennemi se décidât à venir chercher le combat, puis, désespérant qu'ils quittassent jamais leur position, voyant la résolution du captal de conserver précieusement l'avantage que lui donnait le terrain, il eut recours à une ruse. Après avoir donné le mot d'ordre à ses lieutenants et aux soldats, tout d'un coup il fit lever le camp, et partit aux yeux des Navarrais étonnés avec l'apparence de la fuite.

(1) Le mot *captal* est l'équivalent de chef, de capitaine.
(2) Jacques Lefèvre, *Anciens Mémoires du* XIVe *siècle*, 1785.

— « Bertrand fuit, dit le captal, poursuivons-le : nous le déshonorerons de telle manière qu'il n'osera plus devant nul prince se montrer ».

Et, malgré l'avis d'un chevalier plus prudent qui flairait un stratagème, le captal donna l'ordre de courir sus aux fuyards.

Il n'eut pas plus tôt quitté ses positions que l'armée de Du Guesclin, faisant volte-face en poussant des cris et au son des trompettes, arriva sur lui. Les deux armées en présence, prêtes à commencer l'attaque au premier signal, le captal reconnut sa faute, mais il était trop tard. Il se trouvait maintenant acculé au pied de cette colline qu'il occupait quelques heures auparavant : de reprendre les positions abandonnées, il n'y fallait pas songer ; l'ennemi ne l'aurait pas souffert. Il essaya de se retirer avec l'honneur sauf, et fit dire à Du Guesclin par un héraut : « Nos hommes sont épuisés de faim et de soif (ce qui était vrai), j'ai des provisions, partageons-les et retournons chacun de notre côté. Si vous donnez la bataille, vous y pourrez perdre plus que gagner ». — « Gentil héraut, répondit Du Guesclin, vous savez bien prêcher, et pour cela vous donnerai un coursier et mille florins ; mais vous leur direz que nous irons à eux, s'ils ne viennent les premiers ». Il ajouta même, suivant un chroniqueur, en jouant sur le nom du captal : « Du captal de Buch je mangerai un quartier, et je ne pense aujourd'hu d'autre chair manger (1) ».

Il n'y eut plus qu'à livrer bataille. Le captal exhortai ses hommes à ne point se laisser décourager, mais au contraire à combattre bravement, et il promit de donner l'exemple. De son côté, Du Guesclin dit aux siens : « Or, en avant, mes amis, la journée est à nous ! Qu'il vous souvienne que nous avons un nouvel roi en France ; faisons que sa couronne soit bien étrennée ».

La lutte fut terrible. Français et Anglais se battaient comme des lions ; Bertrand, le premier dans la mêlée, excitait les siens par son fameux cri de guerre : « Notre-Dame-Guesclin ! » La victoire restait indécise lorsque le captal de Buch, vivement pressé par Du Guesclin, malgré les bons coups de hache qu'il donnait avec une furie telle « qu'il ressemblait un diable d'enfer », fut invité à se rendre. Bertrand lui cria : « Captal, rendez-vous, ou mort vous serez brièvement ! » Le captal, en signe d'assentiment, tendit la main : il était prisonnier. Le combat continua un instant ; quand il cessa, tous les Navarrais étaient tués ou prisonniers. Jamais on ne vit victoire plus complète (16 mai 1364).

Au point de vue politique, le résultat en fut immense, car elle permit de procéder au couronnement de

(1) Cuvelier, *loc. cit.*

Charles V, en même temps qu'elle fut, selon les paroles de Du Guesclin, une glorieuse étrenne pour le nouveau règne. Charles V donna à Du Guesclin une récompense comme jamais roi n'en avait donné : un établissement de prince, le comté même de Longueville (1).

La brillante victoire de Cocherel fut le début d'une campagne dans laquelle Bertrand, par d'habiles manœuvres, soumit rapidement au roi de France toute la Basse-Normandie. Tour à tour Carentan, Valognes, Pont-de-Douvres furent emportés. Il ne lui restait plus qu'à soumettre Saint-Sauveur-le-Vicomte et Cherbourg pour avoir reconquis le Cotentin en entier, quand les événements de Bretagne vinrent l'arracher encore brusquement à son utile champ d'action. Charles de Blois réclamait de prompts secours.

Les prétentions du Navarrais mises à néant, Charles V ne demandait pas mieux que de terminer cette malheureuse guerre de Bretagne qui ensanglantait le pays. Il donna donc à Charles de Blois mille lances, avec Du Guesclin pour capitaine. L'armée anglaise était réunie à Auray sous les ordres du comte de Montfort, et parmi les chevaliers anglais se trouvait le fameux Jonh Chandos, celui qu'on appelait le brave Chandos.

(1) R. de Gourmont, *loc. cit.*, p. 25-29.

Montfort et les Anglais (1) étaient sur une hauteur, comme le prince de Galles à Poitiers. Charles de Blois ne s'en inquiéta pas. Ce prince dévot, qui croyait aux miracles et qui en faisait, avait refusé, au siège de Quimper, de se retirer devant le flux. « Si c'est la volonté de Dieu, disait-il, la marée ne nous fera aucun mal ». Il ne s'arrêta pas plus devant la montagne, à Auray, que devant le flux, à Quimper.

L'armée de Charles de Blois était la plus forte, car nombre de Bretons s'étaient joints à lui par haine de l'Anglais. Elle fut admirablement mise en ordre de bataille par Du Guesclin. Chaque homme d'armes portait sa lance droit devant lui, taillée à la mesure de cinq pieds, et une hache forte, dure et bien acérée, à petit manche. « Et s'en venaient ainsi tout bellement le pas. Ils chevauchaient si serrés qu'on n'eût pu jeter une balle de paume qu'elle ne tombât sur les pointes des lances. Jean Chandos regarda longtemps l'ordonnance des Français, laquelle en soi-même il prisait durement. Il ne s'en put taire, et dit : Que Dieu m'aide, comme il est vrai qu'il y a ici fleur de chevalerie, grand sens et belle ordonnance (2) ! »

Chandos crut bon de se ménager une réserve. Ce fut difficile. Rester en arrière, attendre pendant le

(1) Michelet, *Hist. de France*, t. III, 1872.

(2) Froissart, *Chroniques*, édition Buchon, liv. I, ch. DVIII.

combat, même pour favoriser la victoire, semblait une honte à ses chevaliers. Chandos supplia, dit Froissart, et fut sur le point de pleurer pour l'obtenir.

Ce fut un duel sans quartier. Les Bretons, las de cette guerre, voulaient en finir. Les Français firent des prodiges ; mais sa réserve donna l'avantage à Chandos : il la jeta à l'improviste sur la division que commandait Du Guesclin, « qui était au milieu du combat, comme une bête enragée, et qui, tout trempé de sueur et de sang, frappait les Anglais à coups de marteau d'acier, et les abattait comme des chiens (1) ». Autour de lui s'accomplirent de merveilleux faits d'armes ; mais Chandos, avec ses troupes fraîches, réussit à l'envelopper de toutes parts. L'assaut fut violent : Du Guesclin fut renversé. Se relevant immédiatement, il persista à lutter sans demander quartier jusqu'au moment où, son armure brisée, n'ayant plus ni hache, ni épée, ni martel, ni aucune arme, il se rendit à Jonh Chandos.

Le côté que commandait Du Guesclin étant écrasé, tout le poids de la lutte retomba sur Charles de Blois. Les derniers chevaliers et écuyers, aussi bien que les hommes d'armes, se rangèrent autour de lui, décidés à se défendre jusqu'à la dernière extrémité ; mais ils furent écrasés par le nombre. Il en fut fait grand car-

(1) Froissart, *loc. cit.*

nage. Parmi les morts on releva Charles de Blois, tombé avec son fils Jean, qui avait eu le temps de venger son père en abattant d'un coup celui qui l'avait tué, avant de succomber lui-même.

Presque toute l'armée de Charles de Blois fut tuée ou faite prisonnière : c'est à peine si deux ou trois chevaliers de sa suite échappèrent au massacre qui suivit le combat (28 sept. 1364).

Ainsi finit la guerre de Bretagne. Le comte de Montfort garda le duché, et la veuve de Charles de Blois, sur le conseil de Charles V, se contenta du comté de Penthièvre et de la vicomté de Limoges. Elle ne pouvait demander plus après une défaite ; elle aurait pu obtenir moins : mais le comte de Montfort était trop satisfait de l'issue de la guerre pour abuser de sa victoire (1).

La paix de Guérande (11 avril 1365) fit rendre les prisonniers à rançon. Il en coûta cent mille écus d'or à Du Guesclin. Comme il n'avait pas d'argent comptant, les sires de Matignon, de Laval et de Montboucher furent ses cautions auprès de Chandos (2). Sur la somme qu'il devait, Charles V paya 40,000 écus ; Henri de Transtamare, depuis roi de Castille, l'acquitta du surplus.

(1). — R. de Gourmont, *loc. cit.*, p. 29-31.
(2). — Le P. Daniel, *Hist. de France*, 1775.

VII

Les Grandes Compagnies. — Du Guesclin et le Pape. — Guerre de Castille : batailles de Navarrette et de Montiel.

Depuis la paix conclue avec l'Angleterre, un fléau plus terrible encore que la guerre civile et la guerre étrangère réunies désolait notre malheureux pays : le fléau des *Grandes Compagnies.*

« La France, nous l'avons vu, écrit un des historiens les plus consciencieux de cette triste époque (1), n'avait point d'armée permanente. Les vassaux et arrière-vassaux appelés par la France en temps de guerre ne lui devaient qu'un service limité à quarante jours, et le roi était obligé, pour tenir la campagne, de leur adjoindre une multitude d'hommes dont la guerre était le seul métier et qu'il gardait à sa solde par contrat tout le temps qu'il avait besoin d'eux. La guerre

(1) E. de Bonnechose, *loc. cit.*, p. 71-75.

finie, ils étaient licenciés ; et, s'ils ne trouvaient à qui vendre de nouveau leur épée, ils étaient le plus souvent réduits à subsister aux dépens du public et devenaient, ainsi, le fléau et la terreur des Etats qu'ils avaient naguère servis et défendus.

« La France, maintenant, se voyait inondée d'une immense multitude d'hommes de tout rang et de tout pays : Anglais, Brabançons, Normands, Picards, Gascons, etc., auxquels la paix avait fait de fâcheux loisirs. Ils se réunirent en bandes plus ou moins nombreuses, pillant les pauvres comme les riches, détruisant les récoltes, attaquant les châteaux et détroussant sur les routes les voyageurs, d'où leur vint le nom de *routiers*, qui leur resta dans le souvenir et dans le langage populaires. Une foule d'aventuriers se joignirent à eux, et même, chose étrange à dire, beaucoup d'hommes d'une origine illustre et qui s'étaient acquis un nom glorieux dans la dernière guerre ne rougirent point d'accepter des commandements dans ces bandes indisciplinées ; l'on vit ainsi des chevaliers, qui, en toute autre occasion, se montraient susceptibles à l'excès sur les lois de l'honneur, les mettre totalement en oubli et conduire des bandits au pillage et au meurtre. A leur tête figuraient le vicomte d'Auxerre, Mathieu de Gournay, Le Bègue de Vilaine, le chevalier Vert, Jean d'Evreux et ce même Hugues de Caverley qui avait eu la plus grande part au gain de la bataille d'Auray.

« Ces bandes se fondirent ensemble pour se rendre plus redoutables : elles prirent le nom de Grandes Compagnies. Elles formèrent une armée de trente mille hommes, rançonnant et dévastant les contrées où elles s'abattaient, et aucune force organisée ne semblait alors en état de leur résister.

« Les Grandes Compagnies avaient, en 1361, battu et détruit en Bourgogne une armée française commandée par un prince du sang royal, Jacques de Bourbon, qui perdit la vie dans la bataille : elles étaient le désespoir et la terreur du roi Charles V, qui les voyait insolemment campées dans son royaume, vivant à discrétion de la substance de son peuple ; et, ne pouvant arrêter ni vaincre ce fléau, il résolut de s'en délivrer en le détournant.

« Il jeta les yeux sur Du Guesclin comme étant, à tous égards, par son caractère, par sa renommée et par l'immense ascendant qu'il avait sur tous les gens de guerre, l'homme le plus propre à servir ses desseins. Il l'appela auprès de lui et lui demanda s'il accepterait la mission de conduire les Grandes Compagnies à une Croisade contre les Maures mahométans en Espagne. Cette contrée, depuis l'époque de la grande invasion musulmane, au VIIe siècle, était partagée entre les Chrétiens et les Maures ou Sarrazins, disciples de Mahomet. Les premiers possédaient déjà, au temps de Du Guesclin, les trois quarts du pays, formant trois royaumes : la Navarre, l'Aragon et le royaume de Léon et de Castille, le plus considérable de tous. Les Maures occupaient encore à cette époque, au sud de l'Espagne, une partie de l'Andalousie et le royaume entier de Grenade, et c'est contre eux que devait être dirigée la Croisade projetée par Charles V.

« On appelait, alors, *Croisade* ou *Guerre sainte pour la Croix* et l'on regardait comme bénie de Dieu toute entreprise qui avait pour objet l'extermination des Musulmans ou leur expulsion des contrées qu'ils avaient envahies. Du Guesclin partageait à cet égard le sentiment général. Depuis longtemps, à la veille d'un combat périlleux, il avait fait le vœu, s'il en sortait vainqueur, de combattre en Palestine pour la délivrance du Saint-Sépulcre et il cherchait le moyen d'accomplir ce vœu (1) lorsque le roi lui proposa d'exécuter une entreprise non moins méritoire, puisqu'elle avait pour but de combattre les Infidèles et de les

(1) Selon M. de Fréminville, *loc. cit.*, un motif plus puissant aurait poussé Du Guesclin en Orient ; c'était en qualité de grand-maître de l'Ordre du Temple, proscrit sous Philippe-le-Bel, qu'il aurait voulu délivrer le Saint-Sépulcre. A l'appui de son assertion, le savant historien cite une charte de 1357, dans laquelle Du Guesclin est inscrit sous cette haute qualité.

rejeter, s'il était possible, hors d'Europe. Il entra donc avec ardeur dans les pensées de Charles V et accepta la mission et les nouveaux pouvoirs qu'il lui conférait, à la condition que l'entreprise serait approuvée des Grandes Compagnies et qu'elles l'adopteraient de plein gré pour leur général, au nom du roi ».

La situation de l'Espagne était, en effet, celle-ci : le roi de Castille Pierre-le-Cruel venait de faire assassiner sa femme Blanche de Bourbon, sœur de la reine de France, et ce crime avait soulevé une légitime indignation dans notre pays. En outre, mille traits de cruauté faisaient haïr ce souverain sanguinaire de ses propres sujets. Enfin, sous son autorité, l'Espagne était placée sous le joug immédiat des Juifs et des Maures, seules personnes auxquelles il accordât sa confiance, dont il acceptât ou suivit les conseils. Son frère, Henri de Transtamare, lui avait, à cette occasion, adressé de vives remontrances ; mais Pierre, outré de son audace, l'avait chassé de sa présence et de son royaume. Henri, alors, s'était jeté dans les bras du roi d'Aragon et s'était, en même temps, posé en prétendant. Manquant de troupes pour assurer le succès de sa compétition, il avait fait entendre à Charles V qu'il s'arrangerait fort bien des Grandes Compagnies dont la France ne savait plus que faire, pourvu qu'un bon général les lui amenât en Espagne. Charles ne pouvait trouver un moyen plus opportun de débarrasser son royaume de ces bandes onéreuses, et voilà pourquoi il demandait à l'illustre capitaine breton de s'y associer au plus tôt.

Du Guesclin s'en fut donc à Chalon-sur-Saône, où les chefs des aventuriers étaient réunis : Hugues de Caverley, le premier d'entre eux, reçut le chevalier français et, après avoir consulté ses amis, lui céda le commandement. Les chefs entraînèrent les soldats. Bertrand donna de l'or, en promit davantage ; puis on se mit en route, après que tous eurent juré d'aller en Espagne combattre les Maures (novembre 1365).

Mais Du Guesclin, qui avait promis plus d'argent qu'il n'en possédait, eut l'idée de passer par Avignon pour tirer au Pape quelques sacs de florins. En apprenant quels étaient les gens qui approchaient de sa capitale, Urbain V, peu rassuré, commença par proclamer qu'il excommunierait toute la Compagnie « si elle venait seulement en vue de la ville » et envoya à sa rencontre un cardinal leur en porter la nouvelle.

Bertrand reçut fort bien le messager du Pape, écouta son discours et lui répondit : « Vous direz au Saint-Père qu'il nous veuille absoudre par la grâce de Dieu, dont il est lieutenant, et des fautes et des mauvaises actions que nous avons tous commises, depuis que nous fûmes enfants ; et, avec ce, nous faire présent pour le voyage de deux mille besans (1) ».

— « Vous aurez l'absolution, dit le cardinal, mais point l'argent ».

Le Pape, en effet, accorda l'absolution, ce qui ne coûtait rien, mais refusa les deux mille besans : « On nous donne, dit-il, de l'argent et maint don pour absoudre les gens, et il nous faut absoudre ceux-ci à leur requête et encore leur donner ! Ceci est bien contre raison ».

Cependant, devant l'obstination de Du Guesclin, craignant quelque attentat de la part de ces bandes indisciplinées, mal contenues par leur chef, le pontife consentit à payer. Seulement, pour que le trésor de Dieu ne fût pas amoindri, il leva la contribution sur les habitants d'Avignon (2).

Lorsque l'impôt fut perçu, il en envoya le montant à Du Guesclin ; mais celui-ci, en apprenant la provenance de l'argent qu'il recevait, se fâcha : « Vous direz au Pape que c'est de l'Eglise, et non du peuple, que cet argent doit venir ; les deniers qui sont venus du peuple et qui d'eux ont été reçus doivent être restitués. Et bien lui direz que d'ici ne partirons

(1) Deux cent mille francs. Cela ferait, maintenant, environ deux millions de francs.

(2) Claude Ménard, *loc. cit.*

jusqu'à ce que nous ayons été payés de l'Eglise (1) ».

Quand Urbain V, ajoute notre vieux chroniqueur, vit qu'il ne pouvait autrement faire, « il envoya l'argent du sien ; et à ceux d'Avignon leur argent fut rendu, dont ils prièrent beaucoup pour messire Bertrand ».

Aussitôt arrivé en Espagne, Du Guesclin, laissant là les Maures et tout son projet de Croisade, révéla son vrai dessein, qui était d'aider Henri de Transtamare à conquérir la couronne de Castille, c'est-à-dire de faire la guerre contre Pierre-le-Cruel. Cette première campagne ne fut pas longue. Bien que les aventuriers n'ignorassent plus le vrai but de l'expédition, ils ne s'en donnaient pas moins comme des sortes de Croisés. Ils firent dire au roi de Castille qu'il eût à livrer le passages et les vivres « aux pèlerins de Dieu, qui avaient entrepris, par grande dévotion, d'aller au royaume de Grenade pour venger la souffrance de Notre-Seigneur, détruire les incrédules et exhausser notre foi. Le roi Don Piètre (Pierre) de ces nouvelles ne fit que rire, et répondit qu'il n'en ferait rien et jamais n'obéirait à cette truandaille (2) ». Mais lorsqu'il apprit que leur chef s'appelait Bertrand du Guesclin, il changea de ton, s'abandonnant aux plus lâches terreurs,

(1) *Chronique en prose.*
(2) Froissart, *loc. cit.*

disant qu'il ne lui restait plus qu'à fuir. C'est ce qu'il fit. Il abandonna les provinces du royaume d'Aragon qu'il avait précédemment conquises et, emportant tous ses trésors, courut se fortifier à Burgos. Du Guesclin passa en Castille, s'empara de la ville importante de Calahora, où Henri de Transtamare fut proclamé roi. Pierre, de plus en plus effrayé, quitta même Burgos (28 mars 1366) et, rassemblant ce qu'il put trouver d'hommes et de capitaines fidèles, se retira en Andalousie, à Séville. Du Guesclin et Henri s'emparèrent de Burgos, puis se mirent à la poursuite de Pierre-le-Cruel ; mais lorsqu'ils arrivèrent en Andalousie, ils apprirent qu'il avait passé en Portugal. Henri de Transtamare était donc devenu, presque sans coup férir, roi de Castille. N'ayant plus besoin des Compagnies, il les paya ce qu'il était convenu, ne retenant avec lui que Du Guesclin et quelques autres chevaliers et écuyers, environ quinze cents lances.

Le vainqueur se montra reconnaissant envers celui auquel il devait sa couronne. Tout d'abord la reine Jeanne lui fit don du comté de Transtamare, qu'elle avait apporté en dot à son époux; puis le roi le créa duc de Molina, comte de Soria et, enfin, connétable de Castille et de Léon.

Pierre-le-Cruel, après avoir lâchement abandonné son royaume, s'embarqua misérablement à La Corogne, sans escorte et sans amis. Il se réfugia à Bordeaux, comptant sur les Anglais pour lui reconquérir la Castille.

Le prince de Galles le reçut fort bien, en effet, lui promit de le remettre sur le trône, et commença immédiatement les préparatifs de l'expédition. Les Gascons, cependant, se souciaient peu d'aller passer les monts : « Qui nous paiera? disaient-ils. On ne met pas des hommes d'armes hors de chez eux sans les payer ». Don Pèdre promit tout ce qu'ils demandèrent : il avait laissé des trésors cachés en des endroits que lui seul connaissait; il donnerait six cent mille florins. En même temps, le prince de Galles appela à lui tous les aventuriers anglais qui faisaient partie des Compagnies licenciées par Henri de Transtamare : bien payés par le roi de Castille, ils accoururent, se préparant à faire la guerre à celui qu'ils venaient de défendre. Telles étaient les mœurs de ces temps-là : le soldat est à celui qui le paie.

Le roi de Navarre donna passage aux Anglais. Ils arrivèrent en Espagne au nombre d'environ quarante mille, bien équipés, bien ordonnés. Henri de Transtamare réunit une armée plus considérable encore, mais composée en grande partie de soldats d'occasion, peu aguerris et peu accoutumés aux grandes batailles. Du Guesclin conseillait à Henri de ne point livrer le combat, mais d'attendre, de faire une guerre d'escarmouches, de laisser les Anglais se morfondre et se démoraliser dans un pays sans ressources, déjà dévasté et malsain pour eux. Le roi ne voulait rien entendre. Les deux armées se rencontrèrent à Navarette (3 avril 1367). Jonh Chandos, le vainqueur de Poitiers et d'Auray, commandait les Anglais; Du Guesclin et Henri se partageaient le commandement de l'armée castillane (1).

Un historien anglais, déjà cité par nous (2), nous a laissé le récit suivant de cette sanglante bataille :

« Dès que les deux armées furent en présence, les frondeurs espagnols s'avancèrent et blessèrent d'abord beaucoup d'Anglais avec des pierres lancées de leurs frondes avec beaucoup de force ; mais lorsque les archers anglais ripostèrent à coups de flèches, ils prirent tous la fuite, et il ne fut plus possible de les ramener à la charge. Néanmoins, ni les frondeurs ni les archers n'auraient pu décider du sort de la bataille. Tout le fort du combat fut supporté par les hommes d'armes des deux côtés qui descendirent de cheval, se formèrent en rangs serrés sous leurs chefs respectifs et s'avancèrent à l'attaque. Bertrand du Guesclin, qui commandait un corps de 4,000 hommes d'armes égaux

(1) R. de Gourmont, *loc. cit.*, p. 39-40.
(2) Jamiesen, *loc. cit.*

en valeur et en discipline aux meilleures troupes de l'armée du prince, eut la chance de se trouver en face de la division du duc de Lancastre, que Jean Chandos conseilla et gouverna ce jour-là, comme il fit jadis son frère, le prince de Galles, en la bataille de Poitiers.

« Ces divisions commencèrent le combat, les gens d'armes tenant leurs lances à deux mains et poussant leurs cris de guerre respectifs : *Guesclin! Saint-Georges! Castille! Saint-Jacques!* Le choc fut si violent que, des deux côtés, les lances tombèrent des mains. Il s'en suivit une lutte acharnée, corps à corps, avec les épées, les poignards et les haches d'armes.

« L'attaque de la division de Bertrand du Guesclin fut tellement irrésistible que ses adversaires furent, d'abord, forcés de lâcher pied.

« De l'autre côté, quand Bertrand du Guesclin, le maréchal d'Audeneham, le Bègue de Vilaines et les seigneurs et chevaliers français s'aperçurent que les ennemis pliaient, ils poussèrent avec un redoublement de vigueur; mais ils ne purent conserver l'avantage momentané qu'ils avaient remporté, parce que dans ce moment même don Tello, qui commandait l'aile gauche de l'armée de Henri composée de 1,000 gens d'armes et 10,000 fantassins, soit trahison, soit manque de courage, dès qu'il vit avancer la division du comte d'Armagnac, abandonna lâchement le champ de bataille, suivi de tout son monde et sans coup férir. Le comte d'Armagnac, n'ayant plus d'ennemis à combattre, prit en flanc et en queue la division de Bertrand du Guesclin tandis que de son côté le captal de Buch, n'éprouvant pas la résistance qu'il attendait du comte de Denia, attaqua Bertrand par l'autre flanc, de sorte que le chevalier breton se vit cerné de tous côtés par ses adversaires. Henri, qui commandait les troupes irrégulières de son armée, mit en œuvre tout ce qu'il put de prières, de supplications, de courage et de fermeté pour prévenir la perte de la journée, et trois fois il ramena ses troupes en déroute. Avec un corps considérable de *genetours*, il rétablit plusieurs fois l'ordre parmi ses soldats démoralisés et reforma leurs rangs rompus ; mais il fut forcé de céder aux troupes plus habiles et mieux disciplinées du prince de Galles, qui se conduisit partout en bon chevalier, tandis que Pierre-le-Cruel combattait vaillamment et cherchait son frère sur le champ de bataille... Henri fut, enfin, obligé de quitter la mêlée ; et, en passant par la ville de Najara, il changea son cheval de combat, qui était fatigué, contre un frais genêt et se sauva en Aragon. Sa fuite fut suivie d'un sanglant carnage de ses soldats, dont un grand nombre se noyèrent en essayant de traversant la rivière.

« Cependant Bertrand du Guesclin et les gens

d'armes de sa division, quoique attaqués de tous côtés, continuaient le combat avec la plus grande opiniâtreté ; et quand leur chef reçut de sir Chandos la sommation de se rendre, il ne répondit pas un mot, mais, rajustant son casque, il étendit à ses pieds un héraut d'armes anglais.

« A la fin toutefois, voyant qu'autour de lui presque tous ses hommes étaient tués ou pris, Bertrand mit bas les armes, à une seconde sommation du prince de Galles, et fut fait prisonnier sous la bannière de sir John Chandos. Pierre-le-Cruel, présent à cet acte qui terminait la bataille, éprouva un grand plaisir de la reddition des chefs français et pria Édouard de lui livrer Bertrand du Guesclin et le maréchal d'Audeneham, offrant pour Bertrand son poids d'argent qu'il promettait de trouver, *dût avoir en Espagne calice sur autel jamais de son vivant!* Mais Édouard connaissait trop bien le caractère sanguinaire de Pierre pour confier un seul instant un brave ennemi à sa garde. Il refusa ».

Cette fois les Anglais, qui tenaient leur plus redoutable adversaire, s'étaient bien promis de ne point le laisser aller de si tôt. Le prudent Chandos, « qui était son maître », avait dit qu'il ne le laisserait jamais se racheter. Un jour, cependant, que le prince de Galles était de joyeuse humeur, il aperçut le prisonnier et lui dit : « Comment vous trouvez-vous, Bertrand ? »

— « A merveille, Dieu merci ! répliqua-t-il. Comment ne serais-je pas bien ? Depuis que je suis ici, je me trouve le premier chevalier du monde. On dit partout que vous me craignez et que vous n'osez me mettre à rançon ». Le prince, très orgueilleux, fut piqué : « Messire Bertrand, dit-il, vous croyez donc que c'est pour votre bravoure que nous vous gardons ? Par saint Georges ! payez cent mille francs, et vous êtes libre ». Du Guesclin le prit au mot.

Le chroniqueur espagnol Ayala raconte (1) que le prince, feignant de se soucier peu de Du Guesclin, lui dit de fixer lui-même sa rançon. Du Guesclin répondit fièrement : « Pas moins de deux cent mille francs ». Ce serait plus d'un million d'aujourd'hui. Le prince fut étonné : « Et où les prendrez-vous, Bertrand ? » Le Breton, selon la chronique, aurait dit ces belles paroles, qui n'ont rien d'invraisemblable : « Monseigneur, le roi de Castille en paiera moitié, et le roi de France le reste ; et, si ce n'était pas assez, il n'y a femme en France sachant filer qui ne filât pour ma rançon (2) ».

(1) Ayala, *Cronicè del rey don Pedro*

(2) Michelet, *loc. cit.*

Du Guesclin au milieu des routiers.

Il ne fut pas embarrassé pour la payer. La princesse de Galles, enthousiasmée par la bravoure et la fierté du gentilhomme français, fit le voyage d'Angoulême à Bordeaux pour le venir voir, et là elle lui fit remise de dix mille écus. Ses amis lui prêtèrent ce qui manquait encore. Le roi de France lui-même, comme Du Guesclin l'avait dit, y contribua pour une grande part (1368).

Pendant ce temps-là don Enrique, ayant obtenu des secours de Charles V, était repassé en Espagne et combattait maintenant avec succès contre don Pèdre. Aussitôt que Du Guesclin fut libre, Charles l'envoya en Espagne, avec cinq cents lances, renforcer l'armée de don Enrique.

Don Pèdre s'était réfugié du côté de Séville chez les Maures, ses amis. Don Enrique assiégea Tolède ; mais, suivant l'avis de Du Guesclin, il leva le siège et partit à la recherche de don Pèdre avec le projet de lui livrer bataille. Don Pèdre, qui ne croyait pas être attaqué de si tôt, ignorant que don Enrique avait quitté Tolède, s'était arrêté à Montiel ; c'est là qu'il fut atteint par l'ennemi (14 mars 1369). Le combat ne dura qu'un instant. Don Pèdre avait armé des Juifs, qui se hâtèrent de jeter les armes et de fuir à la première attaque Les Maures, avec leurs longues flèches, ne purent arrêter la grosse cavalerie. Ce fut une déroute complète, suivie d'un épouvantable massacre, car Du Guesclin défendit qu'on fît quartier aux mécréants. Quelques jours après, le 23 mai, don Pèdre, ayant tenté pendant la nuit de s'échapper de la place, fut fait prisonnier et mené dans la tente de don Henri. Une scène épouvantable s'y passa. Les deux frères luttèrent ensemble corps à corps. Don Enrique eut un instant le dessous, mais don Pèdre tomba et son frère le poignarda, dit Froissart, « avec une coustille longue de Castille ».

Par cette mort Henri de Transtamare demeura paisible possesseur du trône de Castille qu'il devait, pour la seconde fois, au dévouement et à la valeur de Du Guesclin. Avant de quitter le théâtre de son dernier triomphe, il voulut reconnaître de nouveau les services reçus ; en conséquence, il fit don au héros breton des villes de Soria, d'Almaza, d'Alienza, de Deza, de Seron et de Monteagudo, et lui fit compter en même temps une somme de 120,000 doublons. Il couronna ces divers actes de juste munificence par les nobles paroles suivantes : « Comment pourrai-je récompenser « les services que vous m'avez rendus ? Car, si j'ai un « royaume, une seigneurie, quoi que ce soit au monde, « c'est par vous. Et je puis affirmer devant tous les « chevaliers ici réunis que sans vous je serais le plus « pauvre de tous ».

Avant de quitter l'Espagne, Bertrand prit possession des villes qui lui étaient octroyées. Il reprit ensuite le chemin de la France, où Charles V venait de le rappeler.

VIII

Rupture du traité de Brétigny. — Campagnes de Guyenne, de Normandie et du Maine.

Tandis que Du Guesclin repassait les Pyrénées, après avoir heureusement terminé la guerre de Castille et chargé des présents de don Enriquo, la lutte reprenait entre la France et l'Angleterre. Le prince de Galles, à force de lever impôts sur impôts, s'était aliéné toute la population, si bien que la noblesse de la région envoya une députation à Charles V pour lui demander justice comme au véritable souverain du pays. Charles cita le prince de Galles à Paris, lui ordonnant d'avoir à comparaître devant une cour de justice spéciale pour répondre aux accusations portées contre lui. Au reçu de cette sommation, le prince entra dans une grande fureur et s'écria :

— « Oui, j'irai, puisque j'y suis mandé, mais le bassinet en tête et avec 60,000 hommes ».

Le roi de France répondit par la confiscation de la Guyenne et une déclaration de guerre (14 mai 1370). A cette nouvelle, les provinces françaises possédées par les Anglais et grandement opprimées par eux entrent en révolte. Le Périgord, le Poitou, l'Aquitaine, au nord le Ponthieu et la Picardie chassent des villes les garnisons anglaises et se donnent au roi qui, immédiatement, leur accorde d'importants privilèges. Les évêques sont pour la France ; les prêcheurs populaires, écoutés des foules, tonnent contre les Anglais.

Cependant Édouard III, endormi depuis dix ans dans la gloire de ses succès passés, sort de son inaction, assemble une flotte et des soldats, et débarque en France une puissante armée, qu'il ordonna de diviser en deux corps, l'un devant envahir le Ponthieu et la Picardie, l'autre se diriger vers la Guyenne.

Devant ce déploiement considérable de forces, Charles V défendit à ses capitaines d'engager avec l'ennemi aucune bataille rangée, recommandant au contraire qu'on se contentât de harceler en détail les troupes anglaises et de les affaiblir ainsi par de courtes et vives attaques.

Le corps d'armée anglais du Nord, sous les ordres

du fameux capitaine Robert Knolles, se dirigea bientôt sur Paris. L'autre, sous la conduite de Chandos, alla rejoindre en Guyenne les troupes du prince de Galles. Là, les Anglais eurent d'abord à lutter contre le duc d'Anjou, frère du roi ; ils étaient les plus forts, lorsque deux événements contraires vinrent changer la face des choses : Jonh Chandos, le meilleur capitaine anglais, fut tué. A la bravoure il joignait une grande connaissance des choses militaires, beaucoup de sang-froid et un esprit très avisé ; ce fut une perte irréparable pour l'Angleterre. D'un autre côté, presque au même moment, Du Guesclin arrivait se mettre à la disposition du duc d'Anjou. Il fut accueilli avec transport par l'armée comme par le duc, et avec raison, car il fut à peine en campagne que les choses changèrent (1).

Il court de victoire en victoire ; les villes révoltées que les Anglais avaient reprises, il les reprend à son tour. Il réussit même à s'emparer de Limoges et put rendre la capitale de sa vicomté à l'illustre veuve de Charles de Blois, son ancienne souveraine, et pour laquelle il avait déjà tant combattu.

Si la fortune avait changé dans le midi et dans le centre à l'apparition de Du Guesclin, dans le nord

(1) R. de Gourmont, *loc. cit.*, p. 44-46.

Knolles avançait sans rencontrer aucun obstacle ; il eut même l'audace d'établir ses quartiers en vue de Paris, de sorte que Charles V pouvait apercevoir du haut des tours de l'hôtel Saint-Pol les fumées du camp, et aussi les flammes des incendies allumés par l'ennemi dans les villages. Le roi, conseillé du reste, selon ses idées personnelles, par son entourage, tint bon ; il défendit d'attaquer. Un chevalier anglais entra même dans Paris par la barrière Sain*-Jacques ; il est vrai de dire qu'il n'en sortit pas vivant.

Charles attendait Du Guesclin. Il fallait à l'armée française un chef jeune, actif, et qui eût de l'autorité sur des soldats impatients de la discipline. Le vieux connétable Moreau de Fiennes le reconnut lui-même. Il était presque octogénaire ; il se démit de sa charge, en indiquant Bertrand du Guesclin comme son successeur (21 octobre). C'était, du reste, obéir au sentiment de tous ; c'était, depuis longtemps, le projet du roi de revêtir le vainqueur de Cocherel et de Montiel de cette première charge du royaume.

Bertrand était dans les environs de Limoges lorsqu'il reçut l'avis du roi de venir au plus vite à Paris, par quelque moyen que ce fût. On dit que Du Guesclin se déguisa en marchand ambulant pour traverser les lignes anglaises : nous avons peine à le croire. Enfin, il arriva. Bien qu'il fût en tenue modeste et accompagné d'un seul écuyer, tout le long des rues on l'acclamait. La voix du peuple le nommait. La foule criait : « L'épée de connétable à Bertrand ! »

Le roi fit à Du Guesclin un accueil chaleureux, et solennellement le nomma connétable, « pour le plus vaillant, le mieux taillé, le plus capable de remplir cette charge, le plus vertueux et le plus heureux aux choses de la guerre (1) ». Le petit chevalier breton, investi de cette première dignité du royaume, mangea à la table du roi, distinction faite pour étonner quand on lit dans Christine de Pisan que le cérémonial, en France, était que le roi fût servi à table par ses frères (2).

Du Guesclin commença par fortifier Paris et bien ordonner les gens de guerre qui y tenaient garnison. Les Anglais, du reste, s'en allèrent bientôt sans être inquiétés. Knolles se retira dans le Maine et dans l'Anjou ; il établit là ses quartiers d'hiver, s'appuyant sur la Bretagne, toujours alliée de l'Angleterre : puis il passa en Aquitaine rejoindre le prince de Galles, qui avait repris l'offensive et venait de reconquérir plusieurs villes fortifiées, parmi lesquelles Limoges, où il avait fait le plus horrible massacre qu'on puisse imaginer, n'épargnant ni les femmes ni les enfants.

Du Guesclin se mit en campagne. Le roi avait grande

(1) Froissart, *loc. cit.*
(2) Michelet, *loc. cit.*

confiance en son nouveau connétable ; mais, toujours prudent, il ne lui permit pas d'emmener avec lui plus de 3,000 hommes d'armes : il est vrai que presque tous étaient chevaliers ou écuyers, et parmi eux se trouvaient les meilleurs capitaines du royaume, tels que les maréchaux d'Andesham, de Sancerre, de Blainville, l'amiral de Vienne, les deux frères Mauny et le fameux Olivier de Clisson, Breton comme Du Guesclin et qui devait lui succéder dans la charge de connétable.

Du Guesclin établit son quartier-général dans sa bonne ville de Pontorson, puis il s'occupa de recruter des soldats. Ils affluèrent, grâce à la popularité de son nom, grâce aussi aux promesses alléchantes qu'il leur fit. Mais il promit tant qu'il promit trop, d'autant plus que Charles V, très ménager des deniers de la couronne, ne lui donnait presque rien. Du Guesclin trouva, pourtant, un moyen héroïque de remplir les engagements que le roi de France ne ratifiait pas. Pour payer ses troupes auxiliaires, il sacrifia une partie de sa fortune et fut jusqu'à vendre les bijoux de sa femme et un magnifique service de table en or, don de Henri de Transtamare.

Il avait recruté une douzaine de mille hommes, ce qui portait à environ quinze mille l'effectif de ses troupes (1).

(1) R. de Gourmont, *loc. cit.*, p. 47-50.

Du Guesclin mena la campagne avec une grande habileté, et montra que ses qualités de général étaient égales au moins à ses qualités de chevalier combattant et de chef de Compagnies. Il déploya une tactique savante, qui fit longtemps l'admiration des hommes de guerre, inaugurant le système d'attaques rapides et successives, courant à un point, revenant à un autre sans laisser à l'ennemi le temps de se retourner.

Les positions de l'ennemi favorisaient ces manœuvres. Sir Thomas Granson avait échelonné ses troupes depuis la Normandie jusqu'à la Loire, sans doute pour en faciliter l'approvisionnement, le manque de communications faciles ne permettant pas à une grosse armée de rester longtemps au même endroit, surtout en hiver, sous peine de manquer de vivres et de fourrages. Quant à lui, il campait avec l'élite de ses troupes près de la Sarthe, à Pontvallain. On était dans l'hiver, au plus mauvais de la saison ; Granson ne pensait pas être attaqué avant le printemps. Par moquerie, ayant appris l'approche des Français, il envoya un messager provoquer Du Guesclin au combat. Le connétable retint le messager, tout en le traitant fort courtoisement, selon son usage, puis, la nuit venue, il se mit en marche, certain qu'il était de surprendre l'Anglais et ne voulant pas laisser fuir une si bonne occasion d'entamer la lutte.

Il pleuvait à torrents, l'orage grondait, les chemins étaient des frondrières ; les terres labourées qu'il fallait traverser, détrempées par la pluie, enfonçaient sous le pas pesant des chevaux lourdement harnachés ; les ruisseaux débordés étaient devenus des rivières, la nuit était complète. C'est dans de telles conditions que Du Guesclin imposa à ses troupes douze heures de marche : il fallut toute son énergie et toute son autorité pour leur faire endurer semblables fatigues : l'appât d'un butin énorme ne fut pas non plus un petit encouragement. Il avait divisé son armée en trois corps venant successivement : l'avant-garde était sous ses ordres, le centre était commandé par Clisson et Audesham, la réserve par l'amiral de Vienne et Blainville.

Du Guesclin arriva au petit jour devant le camp anglais, qui dormait encore. Il fit mettre pied à terre ; puis, après un instant de repos, au son des trompettes, proférant son redoutable cri de guerre répété par les soldats, il s'élance suivi de ses hommes. D'abord surpris et comme étourdi par la soudaineté et la vivacité de l'attaque, l'ennemi se rallia peu à peu autour de l'étendard anglais, que Granson planta sur une éminence. Les Anglais se défendaient avec fureur, ils étaient même au moment de prendre l'offensive lorsqu'Andesham et Clisson arrivèrent. Le combat continua avec acharnement ; l'ennemi tenait encore, la victoire avait peine à se dessiner : mais la subite irruption de Blainville et de l'amiral changea la lutte en déroute. Plus de 10,000 Anglais furent tués ou faits prisonniers : un butin royal tomba aux mains des vainqueurs. Granson fut pris, après une lutte corps à corps, par le connétable lui-même (1).

Après cet exploit, il restait encore à déloger les Anglais des places fortes qu'ils occupaient le long de leurs lignes. Du Guesclin s'y employa. Il commença par attaquer Sainte-Maure, forteresse réputée imprenable, bien défendue par Cressonval (février 1371). Le siège traîna. A la fin, la garnison, sentant qu'elle ne pourrait plus tenir longtemps, mit le feu au fort, réussit à s'échapper, Cressonval en tête, et parvint à Bressuire, où elle s'enferma. Du Guesclin les suivait ; il mit le siège devant Bressuire. La ville avait des approvisionnements, la garnison était nombreuse, bien commandée ; l'armée assiégeante, au contraire, manquait de vivres, le pays dévasté n'en pouvait guère fournir : aussi, le connétable résolut de donner l'assaut sans plus tarder, ne voulant pas, d'un autre côté, laisser à Cressonval le temps d'organiser à loisir la résistance. L'assaut fut long et coûta bien des hom-

(1) R. de Gourmont, *loc. cit.*, p. 51-52.

mes aux Français ; enfin, un pan de muraille fut renversé, et Du Guesclin, le premier, entra dans la place. Ce fut encore un massacre. Ainsi du reste, en ce temps-là, se terminait toute victoire. Le brave maréchal d'Andesham, déjà vieux, paya tant de sa personne, ce jour-là, que quelques jours plus tard il mourut de fatigue et d'épuisement (1).

La campagne était en bon train : les Anglais fuyaient. Clisson, envoyé par Du Guesclin, leur porta le dernier coup en anéantissant, près des Sables-d'Olonne, un gros d'armée qui courait se rembarquer. La flotte anglaise attendait ; elle put s'en retourner à vide.

Un effort de plus, et les Anglais étaient à jamais chassés de la France. Mais le roi, qui, fort malheureusement, avait une autre campagne en vue, ménageait l'argent. Du Guesclin se désolait. Lui-même était à bout de ressources. « Le roi eût-il soldé son armée, disait-il, toute la Guyenne aurais conquise, et maintenant me faut renvoyer mes braves soldats en hiver et sans paiement ».

Ce fut avec désespoir qu'il revint à Paris, et la façon magnifique dont il fut reçu par le roi ne put effacer le souvenir de sa besogne inachevée, car il avait regardé comme sa tâche de mettre l'Anglais hors de France.

(1) Jacques Lefèvre, *loc. cit.*

Aussi, lorsque Charles lui exprima en quelle estime et en quelle affection il le tenait, Bertrand ne put s'empêcher de répondre :

— « Mal m'en aperçois, Sire. Mauvais est le conseil qui vous fait tenir votre argent serré ; mieux vaudrait le départir à ceux qui guerroient vos ennemis... »

Cette énergique et franche remontrance l'emporta dans l'âme du roi sur la parcimonieuse politique de ses conseillers. Il fit compter à Du Guesclin les sommes nécessaires pour solder les garnisons des places frontières, et le remboursa de toutes ses avances.

Au printemps de l'année suivante, le monarque devait donner à son connétable une marque signalée de sa faveur en le désignant pour parrain du duc Louis d'Orléans, son second fils. Bertrand tint l'enfant royal sur les fonts baptismaux, et, mettant sa vaillante épée dans les petites mains du nouveau-né, il dit : « Monseigneur, je mets cette épée entre vos mains, priant Dieu qu'il vous fasse la grâce de vous donner un si grand cœur que vous soyez un jour aussi preux et aussi bon chevalier que fut oncques roi de France qui porta épée ».

Cette même année 1371, sa femme Tiphaine Raguenel mourut. On l'enterra dans l'église du monastère du Mont-Saint-Michel, près de Pontorson.

IX

Dernières campagnes de Du Guesclin. — Sa mort. — Son portrait. — Honneurs rendus à sa mémoire.

Les dernières campagnes de Du Guesclin ont été écrites avec une certaine confusion par les chroniqueurs, et les historiens du connétable, eux-mêmes, n'ont pas toujours réussi à les raconter avec toute la clarté désirable pour en faire saisir l'intérêt. N'en point parler, ce serait laisser une lacune dans le récit d'une existence pourtant bien remplie : nous en dégagerons les faits principaux.

En 1372, le roi d'Angleteterre tenta un nouvel effort pour recouvrer les provinces qu'il avait perdues, mais ses espérances furent promptement anéanties. L'alliance de la Castille avait, jusque-là, peu servi Charles V : les Anglais se chargèrent de la resserrer et de la rendre efficace. Le duc de Lancastre, dans son ambi-

Combat entre Du Guesclin et Thomas de Cantorbéry (page 61).

tion extravagante, épousa la fille aînée de don Pèdre ; le comte de Cambridge épousa sa seconde fille. C'était une infatuation inouïe, incroyable. L'Angleterre, qui n'avait pas pu conquérir la France, entreprenait de plus la conquête de l'Espagne.

Le résultat de cette nouvelle imprudence fut de donner une flotte aux Français. Le roi de Castille, menacé par ce double mariage, envoya une armée navale à Charles V. Les gros vaisseaux espagnolsl chargés d'artillerie, accablèrent, devant La Rochelle, les petits vaisseaux anglais (1). Pendant ce temps-là, Du Guesclin assiégeait la ville qui, voyant les Anglais perdus, se donna aux vainqueurs. La prise de La Rochelle entraîna la conquête du Poitou. L'année suivante, le connétable, après la victoire de Chizey où le captal de Buch fut pris, demeura complètement maître de cette province. A la même époque, le duc de Bretagne, Jean IV, ayant osé se déclarer ouvertement pour l'Angleterre, Charles V envoya Du Guesclin le réduire. Jean avait eu la maladresse de lever de nouveaux impôts : le peuple, qui ne tenait guère à être français, mais qui ne voulait pas devenir anglais, se révolta. Toute la noblesse bretonne se rangea sous es drapeaux de Du Guesclin : le connétable n'eut qu'à

(1) Michelet, *loc. cit.*

paraître pour arracher la Bretagne aux Anglais ! Tout fut réduit, sauf Brest. Jean IV fut chassé de son duché.

Cependant, le duc de Lancastre débarqua à Calais avec 60,000 hommes. Du Guesclin, avec des forces bien inférieures, vint à bout de cette puissante armée : il la pourchassa de la Picardie à Bordeaux, la harcelant sans cesse, l'obligeant à fuir devant lui. Les Gascons déclarèrent alors qu'ils se donneraient au vainqueur : il fut convenu qu'Anglais et Français se livreraient, à Moissac, un combat définitif. Les Français, le 15 avril, se rangèrent en bataille ; les Anglais ne s'étant pas présentés, les Gascons furent obligés de tenir parole. A ce moment-là, il ne restait plus aux Anglais que Calais, Bayonne et Bordeaux (1374). Une trêve de deux ans fut conclue. Ce fut un moment de répit ; mais la guerre ne tarda pas à reprendre en Bretagne, où les Anglais voulaient remettre Jean IV en possession de son duché : Du Guesclin les força presque immédiatement à se retirer (1377). Le connétable fit encore une campagne heureuse en Guyenne, où les Anglais avaient repris l'offensive : il s'empara de Bergerac, fit prisonnier le gouverneur anglais Thomas Felton et allait peut-être expulser définitivement les Anglais lorsque Charles V le rappela.

Charles avait assigné Jean IV à comparaître devant

la cour des pairs pour y répondre de l'accusation de félonie, et, comme le duc n'eut garde de se présenter, il le fit déclarer déchu de ses droits et confisqua la Bretagne (9 décembre 1378). A cette nouvelle les Bretons, qui entendaient garder leur indépendance, se soulevèrent en masse, rappelèrent leur duc qu'eux-mêmes avaient chassé et s'apprêtèrent à repousser les Français (1). Ce fut le connétable que Charles envoya réprimer l'insurrection. En vain Du Guesclin représenta-t-il au roi qu'il lui répugnait de combattre contre les Bretons pour leur arracher leur liberté ; le roi tint bon : le connétable de France ne pouvait qu'obéir au roi de France. Mais ce fut à contre-cœur qu'il prit le commandement des troupes : aussi mena-t-il fort mal la campagne, ne réussissant pas à prendre la moindre forteresso. Cet homme, qui avait acquis tant de gloire, rendu tant de services à son pays, s'usait dans une expédition stérile. Dans cette Bretagne, où jadis il était acclamé, salué comme un libérateur, il n'avait plus que des ennemis. Toutes les portes se fermaient devant lui, le peuple l'accablait d'injures ; il n'y put tenir. En même temps, on insinua au roi que son connétable le trahissait, que Breton il favorisait les Bretons ; ce fut le dernier coup. Pris de dégoût, non sans

(1) — Dom Lobineau, *Hist. de Bretagne*, t. I, p. 423-424 ; — d'Argentré, *loc. cit.*, p. 460.

quelques remords peut-être d'avoir tenté, malgré lui, l'asservissement de sa patrie, il remit à Charles V son épée de connétable (août 1379.) — (1).

Les causes des mensongères et odieuses rumeurs qui entraînèrent ce coup d'éclat étaient d'un ordre tout à fait intime, mais qu'il importe de rapporter. En 1373, le connétable s'était remarié. Il avait épousé Jeanne de Laval, fille unique de Jean de Laval, sire de Châtillon, et d'Isabelle de Tinténiac. Or, on a fait, à ce propos, très justement remarquer (2) que « Du Guesclin a cela de commun avec un autre grand capitaine des temps modernes que son second mariage lui porta malheur et entraîna pour lui les plus fâcheuses conséquences. Lorsque Charles V tenta prématurément, en 1379, l'annexion de la Bretagne à la Couronne, comme les Laval prirent ouvertement parti pour l'autonomie du duché contre le roi de France, l'alliance du connétable avec une dame de cette famille le mit dans la situation la plus fausse et fit même concevoir des soupçons fort injustes sur sa fidélité ». Il en a toujours été et il en sera toujours ainsi, les envieux n'ayant point coutume de respecter la loyauté ni le patriotisme, qu'ils sont, d'ailleurs, la plupart du temps, hors d'état de comprendre. On s'explique, en pareil cas,

(1). — R. de Gourmont, *loc. cit.*, p. 55-58.
(2). — Siméon Luce, *loc. cit.*, p. 108.

la résolution violente prise alors par Du Guesclin.

Cependant, il voulut se justifier, et il y réussit aisément. Le roi le supplia alors, par l'entremise du duc d'Anjou qu'il savait son ami, de revenir sur sa décision ; mais il fut inflexible. Il déclara qu'il irait finir ses jours en Espagne, près du roi de Castille : « Sachez, dit-il, que je suis connétable de Castille, et que mon ami don Enrique me recevra favorablement ».

Avant de partir, il voulut cependant se signaler par un dernier exploit. Un de ses compagnons d'armes, le maréchal de Sancerre, assiégeait la ville de Châteauneuf-Randon, dans le Gévaudan, en possession des Anglais ; il s'y rendit.

La garnison, commandée par le sire de Roos, faisait chaque jour des sorties et ravageait le pays. Du Guesclin fit donner plusieurs assauts qui, sans forcer les portes, eurent cependant pour résultat d'affaiblir assez les assiégés pour qu'il fût convenu que, si sous quinze jours les Anglais n'avaient point reçu de secours, ils se rendraient.

Pendant cette suspension d'armes, Du Guesclin tomba malade. Quelques jours après, malgré les soins les plus dévoués, il mourait âgé de soixante ans, le 13 juillet 1380. Cependant, le jour convenu pour la reddition de la place était arrivé, et le sire de Roos, ayant appris la mort du connétable, ne voulait pas exécuter sa promesse, disant que c'était à Du Guesclin et non à un autre qu'il avait donné parole. « Jamais aucun autre que lui ne m'aurait pris, ajouta-t-il, vous pouvez donner l'assaut ».

Ce que voyant, le maréchal de Sancerre fit amener les otages sur les fossés pour leur faire trancher la tête. Lors, les Anglais abaissent les portes et décident de rendre la ville. « Adonc sortirent tous du chastel, leur capitaine devant eux, et vinrent au maréchal Louis, qui les mena en l'hôtel où reposait messire Bertrand. Là, il leur fit rendre et mettre les clefs sur le cercueil de messire Bertrand, tout en pleurant. Sachent tous qu'il n'y eut alors ni chevalier ni écuyer français ou anglais qui ne montrât grand chagrin (1) ».

Selon les dernières volontés de Du Guesclin, son corps devait être ramené dans son pays, à Dinan ; mais il en fut décidé autrement par le roi.

« Pour la grande affection qu'avait le roi Charles de France envers messire Bertrand, il écrivit en hâte à messire Olivier de Mauny et aux chevaliers qui le corps menaient à Guingamp qu'ils l'amenassent à Saint-Denis en France, parce que là il le voulait faire mettre. Adonc ils se mirent en chemin pour

(1) *La Chronique en prose.*

le corps amener, et à Chartres arrivèrent. Dehors Chartres sortirent les collèges et les bourgeois en procession, à grand nombre de torches pour le corps recevoir, et montrèrent grande douleur. Puis, ils le portèrent dans le chœur de la maître église, et là lui fut fait le service solennel. Puis reprirent chevaliers le corps, et leur chemin continuèrent droit à Paris. Mais tant fut le peuple de Paris rempli de douleur que le roi Charles manda que le corps fût au plus tôt mené à Saint-Denis. Et ainsi le firent, et son corps fit le roi Charles enterrer près de sa sépulture.

« Dont moult fut le roi loué de ses chevaliers. Et de vie à trépassement alla le bon roi Charles, qui tant fut sage, au mois de septembre suivant, après son bon connétable (1) ».

La mort de Du Guesclin, comme le disent la chronique et tous les poèmes où sa vie est racontée, fut un deuil pour la France. Dans toutes les provinces où il avait guerroyé et dont il avait chassé les Anglais, son nom était plus populaire que celui du roi lui-même, et la réputation qu'il laissa après sa mort fut immense et de longue durée parmi le peuple, qu'il aimait, qu'il ne pressurait jamais, qu'il protégeait au besoin contre la brutalité de ses propres soldats.

(1) *La Chronique en prose.* — Supplément.

Son renom n'était pas moins grand parmi la Chevalerie. De son vivant, il était considéré par tous comme le chevalier modèle et irréprochable, autant pour sa courtoisie que pour sa bravoure. Après sa mort, sa vie fut donnée en exemple. Ses exploits furent chantés en longs poèmes, sa mort le fut aussi, et des ballades répétées de bouche en bouche apprirent à toute la France la perte qu'elle venait de faire (1).

Du Guesclin n'eut point d'enfants de ses deux mariages. Son frère Olivier hérita du manoir paternel de Broons, ainsi que du comté de Longueville, et sa famille s'est continuée en ligne directe jusqu'à la fin du XVIIe siècle.

« Le génie de la guerre semble s'être incarné en Bertrand du Guesclin, remarque un de ses historiographes (2). Aux qualités réclamées dans un général à l'époque où il vécut, il joignit celles qui ont fait de lui un des précurseurs de l'art militaire des siècles suivants. Aussi prudent que brave, non moins habile à concevoir et à préparer ses entreprises que prompt et impétueux dans l'exécution, il avait le coup d'œil rapide, le jugement sûr, l'esprit inventif et fécond et, à l'heure critique, un parfait sang-froid et une ténacité sans

(1) R. de Gourmont, *loc. cit.*, p. 61-62.
(2) E. de Bonnechose, *loc cit.*, p. 152-153.

égale. Il fut, au Moyen Age, le créateur des camps retranchés imités des Romains ; il employa le premier l'artillerie dans les sièges ; il devina d'instinct et mit en œuvre, surtout dans ses dernières campagnes, quelques-uns des procédés de la tactique et de la stratégie modernes. Modèle des chevaliers, Du Guesclin cependant contribua, plus que personne, à ruiner l'institution de la Chevalerie en substituant les combinaisons de l'art à la puissance du nombre et de la force personnelle, en propageant l'usage des armes à feu et en organisant des troupes permanentes sur des bases qui furent plus tard généralement adoptées pour la composition des armées royales ; il eut, enfin, la singulière fortune de n'avoir jamais été vaincu dans aucune rencontre où il commanda en chef (1). Du Guesclin, par ses exploits et son génie, fut véritablement, comme on l'a très bien dit de nos jours, un des fondateurs de l'unité française : il parut à son heure, entre deux cataclysmes qui faillirent engloutir la monarchie, et, s'il eût vécu, les Anglais, qui occupaient la moitié du royaume, en eussent été totalement expulsés. Mais, pour guérir les plaies de la patrie, il ne fallut pas moins qu'une assistance toute particulière du ciel, et

(1) Du Guesclin ne commanda en chef ni à Auray ni à Navarrette.

l'œuvre de la délivrance du territoire national, préparée par Du Guesclin, fut achevée par l'immortelle vierge de Domrémy ».

Le corps de l'illustre défunt fut porté d'abord au Puy-en-Velay (1) et déposé en l'église des Jacobins, où on l'embauma. On plaça dans une des chapelles le buste du héros revêtu d'une cuirasse avec cette épitaphe : *Cy gist honorable et vaillant messire Clacquin, comte de Longueville, jadis connestable de France, qui trépassa l'an 1380, le 13 juillet.* Ce tombeau et l'épitaphe qui le décorait subsistaient encore en 1789.

Nous venons de dire que ses restes, d'après l'ordre de Charles V, furent inhumés dans l'abbaye de Saint-Denis, jusque-là réservée comme lieu de sépulture à nos rois. Toutefois, pour concilier la volonté royale avec les termes exprès du testament, le cœur de Bertrand fut envoyé à Dinan et confié à l'église des Dominicains, d'où on le transféra, en 1810, à celle de Saint-Sauveur.

Le 16 septembre de la même année, Charles V mourut au château de Beauté-sur-Marne, près Vincennes, et sa dépouille fut placée à côté de celle de son glorieux défenseur. Neuf ans plus tard, le 7 mai 1389,

(1) Fontenelle de Vaudoré, *Hist. d'Olivier de Clisson*, 1825.

Charles VI fit célébrer de nouveau, dans l'église abbatiale de Saint-Denis, une cérémonie solennelle en l'honneur du grand capitaine; ce service termina la série des fêtes données en l'honneur de Louis et de Charles d'Anjou, fils du roi de Sicile, que le roi de France venait d'armer chevaliers (1).

Le tombeau de Saint-Denis consiste en un cercueil de marbre d'un mètre de hauteur, sur lequel est une statue du connétable, de grandeur naturelle, également en marbre blanc. Le héros est représenté couché, les pieds tournés vers l'autel, et derrière sa tête se trouve placée l'inscription suivante : *Ci gît noble homme messire Bertrand du Guesclin, comte de Longueville, connétable de France, lequel trépassa devant Castel-Neuf-de-Randon en Gévaudan, le treizième jour de juillet MCCCLXXX. Priez pour son âme.*

Nos contemporains ont également érigé quatre monuments à sa mémoire : un cénotaphe en marbre bleu dans le hameau de Bitarelle, près de Châteauneuf-Randon (1820); une statue à Dinan (1823), sur l'emplacement même de son duel avec Thomas de Cantorbéry; une autre statue à Rennes (1825), au milieu des promenades du Thabor; enfin, une colonne commé-

(1) *Chronique du règne de Charles VI*, par le Religieux de Saint-Denis; traduction de L. Bellaguet, 1849.

morative en granit de Plequien (1840) sur l'emplacement même du château de La Motte-Broons, où il naquit. Par malheur, ce sont autant d'œuvres médiocres (1). — Dans un travail intitulé *Du Guesclin dixième preux*, et lu à l'Académie des inscriptions et belles-lettres dans sa séance du 12 octobre 1888, M. Siméon Luce a établi que, vers la fin du Moyen-Age, le héros breton vint s'ajouter comme dixième preux aux neuf héros signalés dans les *Vœux du paon*, poème de Jacques de Longuyon portant la date de 1312. Ces neuf héros étaient : Hector, Alexandre, César, Josué, David, Judas Macchabée, Arthur, Charlemagne et Godefroy de Bouillon. A cette occasion, le savant historien signalait encore un ouvrage imprimé à Abbeville, en 1487, et intitulé : *Le Triomphe des neuf preux, auquel sont contenus tous les faicts et proesses qu'ils ont achevés durant leurs vies, avec l'ystoire de Bertrand de Guesclin;* ouvrage prouvant que Du Guesclin avait alors conquis dans l'esprit public le même rang que les héros précités.

(1) Gœpp et Cordier, *loc. cit.*, pp. 156-159.

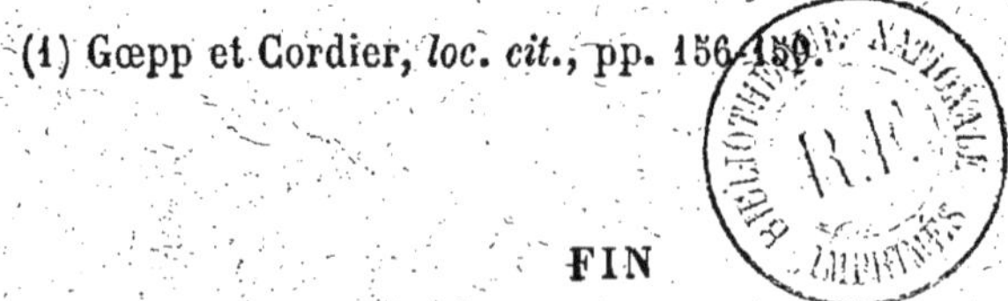

FIN

TABLE DES MATIÈRES

SOCIÉTÉ ANONYME D'IMPRIMERIE DE VILLEFRANCHE-DE-ROUERGUE
Jules BARDOUX, Directeur.

www.ingramcontent.com/pod-product-compliance
Ingram Content Group UK Ltd.
Pitfield, Milton Keynes, MK11 3LW, UK
UKHW020918180726
13838UKWH00002B/615

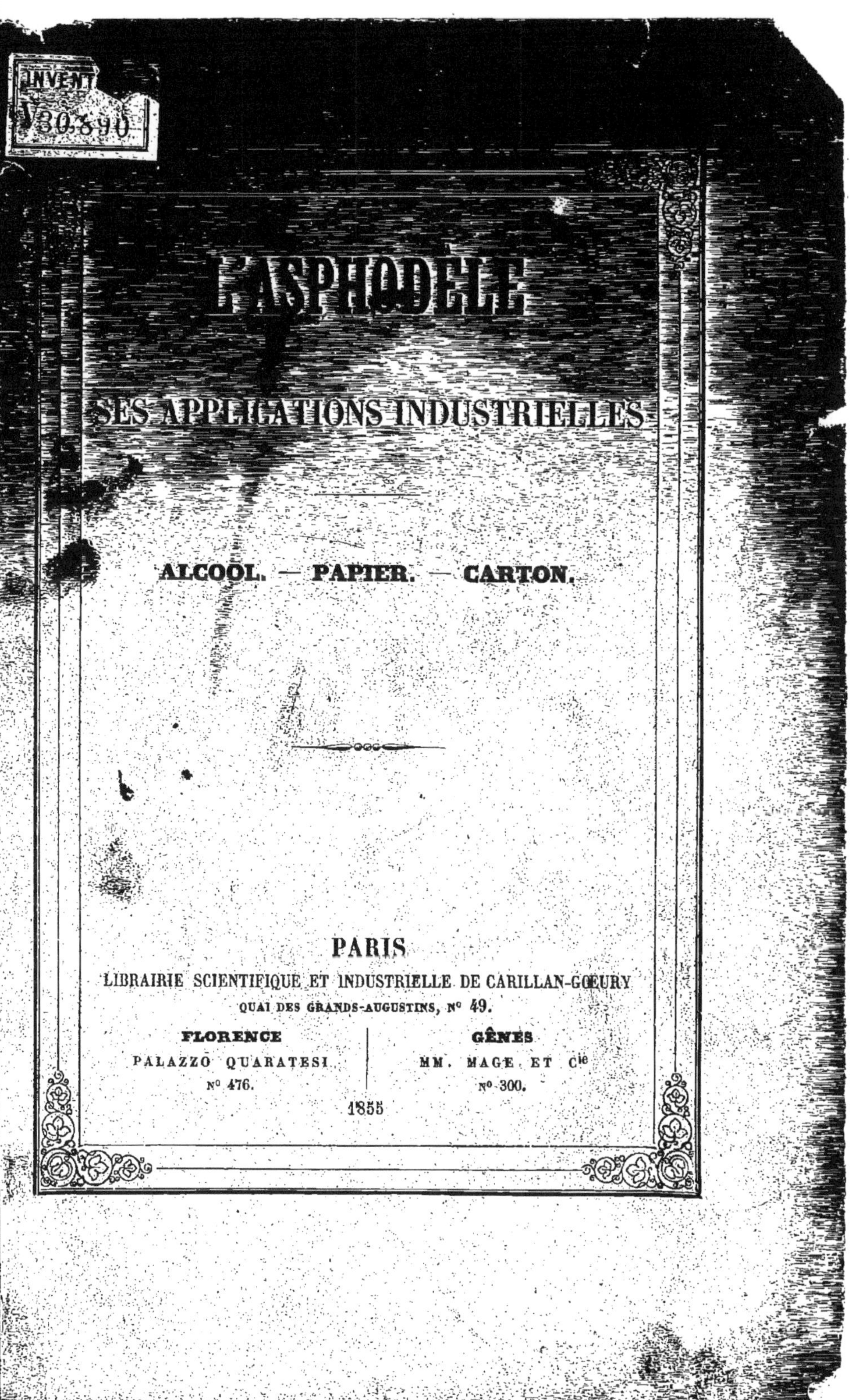

L'ASPHODÈLE

SES APPLICATIONS INDUSTRIELLES

ALCOOL. — PAPIER. — CARTON.

PARIS
LIBRAIRIE SCIENTIFIQUE ET INDUSTRIELLE DE CARILLAN-GŒURY
QUAI DES GRANDS-AUGUSTINS, N° 49.

FLORENCE	GÊNES
PALAZZO QUARATESI	MM. MAGE ET Cie
N° 476.	N° 300.

1855